Parental
Psychology

李 琳 编著

父母心理学
父母沟通
孩子动作

辽海出版社

图书在版编目（CIP）数据

父母心理学 父母沟通 孩子动作 / 李琳编著 . —
沈阳：辽海出版社，2017.10
ISBN 978-7-5451-4412-3

Ⅰ . ①父… Ⅱ . ①李… Ⅲ . ①家庭教育—教育心理学
Ⅳ . ① G780

中国版本图书馆 CIP 数据核字（2017）第 249671 号

父母心理学 父母沟通 孩子动作

责任编辑：柳海松
责任校对：顾　季
装帧设计：廖　海
开　　本：690mm×960mm　　1/16
印　　张：14
字　　数：167 千字
出版时间：2018 年 3 月第 1 版
印刷时间：2018 年 3 月第 1 次印刷

出版者：辽海出版社
印刷者：北京一鑫印务有限责任公司

ISBN 978-7-5451-4412-3　　　　　　定　　价：68.00 元

前　言

　　如何培养自己的孩子，怎样与孩子畅通无阻地进行沟通交流是每个家庭、每位家长所热切关注的问题，也是无法回避的现实问题。

　　面对飞速发展的社会，孩子的生活环境与以前相比有了很大的不同，如果身为家长的你仍然用原来自己受教育的模式来教育孩子，肯定不会引起孩子的兴趣和认知感，甚至有可能在孩子的眼里成为唠叨的符号、厌恶的替身。所以，教育孩子的时候，不能使用填鸭式的、空洞的说教，而是应该充分了解孩子的喜好，有一点耐心，倾听孩子的意见；了解孩子的想法，少一点埋怨、责怪甚至惩罚，多一些鼓励；对孩子要做到言而有信，得到孩子的信任，做孩子的好朋友。

　　为了使您更好地和自己的孩子沟通，更好地打开孩子的心灵之窗，本书给出了以下几种建议：

　　将心比心：要让孩子自愿说出心里的秘密，我们首先要知道孩子们在想些什么，只有将心比心我们才能站在孩子的立场考虑问题，也才能和孩子更好地沟通。

　　审时度势：恰当的时候对孩子说最恰当的话。我们都知道在恰当的时间内，孩子们最容易说出自己的心里话，那么就要求我们在日常生活中细心地观察孩子，准确地抓住每一个瞬间来表达我们的想法，只有这样才能对孩子起到教育的作用。

　　疑惑有解：孩子不听话，父母有办法。不能一味地说教，甚至动手打孩子。脾气不好的家长只能教育出性格有缺陷的孩子。

　　世上只有不会教育孩子的家长，没有教育不好的孩子。每个孩子都有自己的个性和生活习惯，但是教育的方式却是可以提供参考和借鉴的。

　　基于以上出发点，作者通过自己的亲身经历总结与孩子相处中经常出现的种种矛盾与问题，并提出一些解决办法供年轻的父母参考，希望能对读者起到借鉴作用。

　　教育孩子一直是作为父母的一件大事，尤其是对于那些不听话的孩子，有些父母更是焦头烂额，不知从何做起。有的父母干脆用最为直接最为传统的做法，劈里啪啦打孩子一通，结果孩子还是一如既往，没有起到一点作用。这样的方式有可能成为孩子的阴影，让孩子感觉缺少安全感，缺少家庭的温暖，这种心理甚至会影响到孩子的一生。其实只要方法得当，这些都是完全可以避免的。

　　为人父母不容易，其实换个角度想想，做孩子也不容易。大人们总是把自己的想法强加给孩子，孩子又不会像我们大人这样辩解。所以很多时候我们真应该站在孩子的角度多考虑一下，学会换位思考，想明白到底怎样做才是真正为孩子着想，为孩子好，使他们更容易接受我们的观点，并按照正确的轨迹健康成长。

　　父母与孩子间的亲子关系是否良好，亲子沟通技巧发挥了关键作用。良好的亲子沟通能让家庭气氛更和谐，教养子女也变得更轻松。然而，还是有很多父母感叹和孩子难以沟通，或是已经尽力去和孩子"沟通"，但亲子关系还是不太融洽。其实，孩子和大人的沟通方式有所不同，只有父母用心去学习，才能掌握良好的沟通技巧，建立有效的沟通桥梁。

　　相信孩子做任何事情都是需要过程的，不能用急躁的心态去对待他们出现的任何非正常现象，每个人都会犯错误，更何况孩子呢。所以父母一定要注意沟通的语气和教导的方法，这样才能更有利于孩子养成良好的习惯和品德。

　　最后，希望年轻的父母能从本书吸取一些宝贵的育子经验，以期在亲子沟通的道路上畅通无阻。

目 录

父母那点微沟通

父母应该怎样影响孩子长大 ·· 2

孩子不是你的复印件 ··· 2

言谈话语间，你要成为孩子最喜欢的妈妈 ················· 5

别让孩子长大后，越来越不认识你 ························· 8

谁在一边大发抱怨之词 ·· 11

沟通，引导孩子心理的必备武器 ······························ 13

给孩子输入智慧的心灵软件 ···································· 17

不逼着，孩子也会学习 ·· 19

自始至终，让自己成为孩子的榜样 ························· 23

管好孩子，家长要有哪些睿智行为 ···························· 26

会问问题的家长，不吃亏 ··· 26

先纠正错，再表达谅解 ·· 28

适时让孩子"占点小便宜" ······································· 31

抓住孩子智力开发的黄金期 ···································· 34

引导孩子习惯"没有洋娃娃的课堂" ······················· 40

孩子需要关心式的和解 ……………………………………… 45

让孩子意识到，妈妈是一个需要保护的人 ……………… 50

为自己和孩子同时设立目标 …………………………… 53

转移思路，适当躲开僵局 ……………………………… 59

爸爸妈妈忙，但真的很爱你 …………………………… 63

不要因为忙于事务而忽视对孩子的关注 ……………… 68

调整错误行为，完善和谐亲子关系 ………………………… 72

千万别以许诺的方式欺骗孩子 ………………………… 72

不要认为孩子什么都不懂，要允许孩子辩解 ………… 75

以宽容的态度对待孩子的自私 ………………………… 78

用正确的方法对待孩子的粗暴行为 …………………… 81

重视对孩子的"苦难教育" ……………………………… 84

孩子本有的乐观不能当肤浅 …………………………… 90

小行动帮孩子安然度过叛逆期 …………………………… 94

灵活处理孩子的早恋行为 ……………………………… 94

青春期萌动重在疏导 …………………………………… 99

别高估孩子对你的忍耐力 …………………………… 103

将鼓励言辞持续到永远 ……………………………… 107

"放养"未必不放心 …………………………………… 111

帮助孩子开拓眼界，成就国际化视野 ……………… 113

孩子那点微动作

看看什么才是孩子成长的必需品 ……………………………… 118

想要一个愉快的家庭天地 ………………………………… 118

想和大人一起讲讲喜欢的书 ……………………………… 122

成绩不好，一起探讨 ……………………………………… 125

我需要几个真正的偶像 …………………………………… 127

有本事让我管管家 ………………………………………… 131

让我一个人出去走走 ……………………………………… 135

告诉爸爸妈妈什么是爱 …………………………………… 137

每个孩子都有自己的心理引信 ……………………………… 141

我需要爱抚，不需要说教 ………………………………… 141

爸爸说，我是坠落的天之骄子 …………………………… 144

与孩子建立"心"的联系 ………………………………… 149

千万不要让我在绝望中徘徊 ……………………………… 153

我的成长需要一个和谐的空间 …………………………… 156

和孩子讲话的目的是什么 ………………………………… 160

谁能帮助我成就健康的孩提心理 ………………………… 163

孩子的想法，还是他自己讲出来的真实 …………………… 169

我是女孩子，我的心事爸爸不知道 ……………………… 169

我是男孩子，我的心事妈妈不懂得 …………………… 172

给我的爱，你们有条件吗 …………………………… 175

别让我觉得你们是毒蛇猛兽般的父母 ……………… 177

我们可不可以没有代沟 ……………………………… 180

这些话你说过吗 ……………………………………… 182

小心别因你，让未成年的我有了暴力倾向 ………… 185

孩子的意见，父母应该给予尊重 …………………… 189

不喜欢的事情为什么一定要我去做 ………………… 189

我来到这个世界，不是为了你们没完成的心愿 …… 192

我为什么不能多玩一会儿 …………………………… 195

不要把我反锁在家里 ………………………………… 199

你们的脸上能有点别的表情吗 ……………………… 202

我不是你们发泄的工具 ……………………………… 205

我说的事，你们能不能认真地考虑一下 …………… 207

我只想做我想做的那类人 …………………………… 210

父母那点微沟通

父母应该怎样影响孩子长大

孩子不是你的复印件

相信父母们都有这样的感受，想让孩子长大，又舍不得他们长大，害怕孩子长大独立后与我们分离，于是希望他们永远被保护在我们的羽翼下。当孩子从嗷嗷待哺到长大成人时，父母们会欣慰，同时也会不舍，望向孩子的眼神就会越来越焦虑。为了"享受"孩子对自己的需要，父母们对孩子的任何事情都是全权打点，小到削铅笔、洗衣服，大到填报志愿，都要大包大揽。这样的结果如何呢？让我们来看小林在妈妈"宠爱"之下会怎么样呢？

"妈，我吃一根香蕉行吗？"小林问妈妈。

"你这孩子怎么这样？香蕉是咱们家的，想吃就自己拿，非问我行不行，是想要我帮你拿吗？"妈妈一听小林又为这种小事"请示"就来气。

在家里，像这种事情小林每次都小心翼翼地问妈妈，其他的大事，没有家长的允许，她根本不会去做，甚至连想都不想，如果妈妈哪天不在家，小林就不知道自己应该怎么过。

有一天，妈妈和小林有一段很有意思的对话。"小林，你为什么上学？""你们让我上，我就上了，我也说不好。""那你今后想做什么？""我不知道，你们说呢，你们让我干什么我就干什么。""那你说说看，你有什么特长和爱好？""我也不知道。"妈妈看小林难受的样子，就不再说什么了。这孩子，说老实，真老实；说听话，真听话；说省心，真省心。可他就是一点也不没有自己的主见。不过小林的妈妈很快说服了自己，孩子还小，什么事都有父母，自己好好学习就行了，别的事，先别管吧。真要什么事情都让孩子操心，要父母干什么？孩子大了，参加工作，结婚了，肯定就会自己操心了，现在我们多替孩子想，多替孩子做，应该的。小林的妈妈安慰自己。

案例中的妈妈对小林一切都包办代替，孩子在生活中已经没有了自己的主见和思想，成为了父母的"复印件"，客观上剥夺了孩子成长的权利。孩子在这种疼爱下永远长不大，而一个永远长不大的孩子怎么能在激烈的社会竞争中生存和发展呢？

孩子长大的过程中，会经历两个性格独立发展期，第一个是两岁的时候，第二个是十二三岁的时候。这两个时期的发展非常关键，想让您的孩子更好地生活，父母们就应该帮助孩子向外独立去探索，越爱孩子就越不能让他在温室里躲避风雨的侵袭。在这两个时期，父母对孩子需要有更大的耐心，允许和鼓励孩子走出家庭的小世界，只有深深扎根在生活的土壤里，把成长的权利还给他们，帮助他们成长，孩子的未来才能绽放得更加璀璨夺目！

还有的父母，喜欢把自己今生无法实现的梦想全部加给孩子，父母当年想当作家、诗人、画家、音乐家，由于种种原因，没有如愿。这终身的遗憾想在下一代身上去弥补，去实现，不管孩子愿不愿意，有没有兴趣，自作主张安排孩子的人生路。这会让孩子感到痛苦和压抑，一生都无法过得开心。为了避免出现这样的状况，家长在平时可以注意以下两点：

一、不要过分对孩子"慈爱"

很多时候，父亲一直扮演坏人的角色，他像凶猛的狮子一样，对孩子的错误严加惩罚。不管是贪玩忘记写作业还是忘记跟邻居打招呼，父亲要么用严厉的眼神盯着孩子，要么用沉闷的声音指出孩子的不对。孩子的妈妈有时无法做到果断和坚决，这个时候，就需要父亲们用"爷们"的力量，"残忍"地让孩子学会独立自主地面对生活中的苦难和挫折。对孩子无原则的慈爱，容易滋生孩子唯我独尊的心理，就像温室里的花朵经不起风雨一样。

小飞的爸爸在他一岁半的时候就不给他喂饭了，爸爸为小飞准备了一张单独的小桌子，每次吃饭的时候放上小勺和小碗，让他自己吃。刚开始的时候，小飞很不习惯，把桌子和自己的衣服都弄得脏兮兮的，小飞的爸爸替他擦干净后接着让孩子自己吃。这样过了很长一段时间，孩子还是会把饭粒撒得满地都是，小飞的爸爸想，可能是孩子知道有爸爸给他擦，所以吃饭不注意。于是，小飞的爸爸不再给他擦了，而是把餐巾纸递给孩子，让孩子自己擦。现在，只要小飞吃东西，他都会自觉地拿好纸巾，弄脏了就小心翼翼擦掉，有一次，家里的餐巾纸没有了，爸爸对小飞说："宝贝，今天我们家没有餐巾纸了，你吃饭注意一点，不要撒了哦！"孩子朝爸爸眨眼睛，点了点头。那次，小飞真的一点都没撒，吃完饭还拉着爸爸看他的桌子，一脸骄傲和自豪。

其实，让孩子自己吃饭并不是容易的事，开始孩子闹，不愿意自己吃，但是孩子要成长，必须自己自立。聪明的你，一定知道教育孩子最重要的是让孩子成为一个独立的人，只有这样，当孩子有一天真正离开父母的时候，你才能放下心来，因为你已经给了他独立自主的性格，他可以独当一面了。

二、不要将自己无法实现的梦想强加给孩子

有的父母经常把这样的话挂在嘴边，"唉，爸爸这辈子算是完了，就看你的了。"这些父母一味地要求孩子成为什么样的人。在这种环境下成长的孩子往往既不会表达愤怒，也不怎么会表达爱，会经常压抑自己的愤怒和感情，习惯于以别人的标准要求自己。他们不敢和妈妈做直接的交流，因为在交流之前就已经在脑海里出现了妈妈勃然大怒的形象。就是这样轻而易举地，妈妈对孩子实施了精神控制，或者说是精神奴役。常说这句话的妈妈们请好好反思一下，"都是为你好"真的是为孩子好吗？

建言献策

自己动手，不依赖别人，孩子的事情让孩子自己去做。有时候要把孩子的故意撒娇行为忽视掉，该狠的时候就得狠，不要只想着如何去帮孩子。你要相信，没有你的帮忙，孩子照样可以做得很好。

言谈话语间，你要成为孩子最喜欢的妈妈

好妈妈不是天生的，做一个孩子喜欢的好妈妈需要在时间、精力和心思上付出很多。从言谈举止开始，做个好妈妈，这也是一段良好

亲子关系的开端。孩子是一本无字的书。随着岁月的流逝，这本书上慢慢写上了多彩的字。妈妈们每天翻动着它，在与孩子共同成长的过程中，逐步加深对孩子的了解。孩子的成长变化永无止境，妈妈对孩子的认识也要不断更新，这是对好妈妈们的基本要求。好妈妈是学出来的，不是天生的，尽管女性都有母性情怀，但是在养育孩子这件事情上，没有哪位妈妈是天才，只有不断完善自己的育儿知识和教育方式，才能真正成为一个好妈妈，成为一个合格的妈妈。

怎样从言谈话语间成为孩子最喜欢的妈妈呢？我们从孩子的需要出发，给妈妈们提供了以下三条建议：

一、好妈妈在言谈话语中正确地教会孩子做事

孩子对外界有着强烈的渴求了解的欲望。对孩子来说，母亲就是孩子的第一所学校，对于如何在言谈话语中正确地教会孩子做事，有两点很重要：第一是采用能引起孩子兴趣的方法，第二是正确地告诉孩子做事情的原因。只有把这两点时刻挂在心里，孩子才会如妈妈一样知书达理。我们来看看小兰的妈妈是如何教会她与人打招呼的。

小兰的妈妈带着小兰一块儿去超市买东西，妈妈在停车场停好车，下车后遇到了同事张先生。妈妈下车的时候主动和张先生打招呼，张先生也笑着和妈妈打招呼。妈妈对小兰说："打个招呼，能让双方心情都愉快，刚才跟张先生说几句，妈妈就觉得很开心。如果以后遇到咱们的邻居、你的老师以及同学，我们和他打招呼，不但能够拉近彼此之间的关系，别人也会认为咱们小兰是个讲礼貌的好孩子。"

二、好妈妈在言谈话语中尊重孩子

孩子都渴求尊重和平等。孩子最不能伤害的就是自尊，自尊是一个人的立足根本，无论多小的孩子，都需要自尊，需要妈妈的尊重。妈妈要把孩子当成个有感情、有羞耻心的活生生的人，而不是像宠物一样，想玩就玩，想逗就逗，不尊重孩子的独立人格。只有孩子从小受到尊重，才会尊重妈妈，尊重别人。另外，对尊重的渴求也就是对平等的渴求，孩子希望受到妈妈平等的对待，成为和妈妈一样受尊重的人。

三、好妈妈在言谈话语中对孩子表示理解

妈妈的爱抚、拥抱、摇动等亲昵举动是孩子在孩童时代健康成长的必需品，因为孩子很容易从肢体语言中体会到被爱。随着孩子的慢慢长大他们开始有了自己的意见与看法，有了自己的朋友与世界，有了自己的喜好与语言。这时候不要以为孩子已经是大人了，可以独立去面对一切，他们毕竟社会经验不足，有些情绪不懂得处理，有些事情不知道如何面对，需要被聆听，需要被了解、被接纳。这个时候对他们多一些关怀、理解，能使他们知道妈妈爱他们，也能让他们进一步加深与妈妈的感情联系。

建言献策

其实孩子最喜欢的妈妈，一定是做孩子的好朋友的妈妈，尤其是现在的独生子女，他们的孤独心理比任何一代人都强烈，所以，他们求友的欲望比任何一代人都迫切。好妈妈应该成为孩子的好朋友，和他交流分享，让孩子时刻拥有朋友的陪伴，赶走他的孤独。

别让孩子长大后，越来越不认识你

每个孩子都希望自己的爸爸妈妈是一个令他们信服、能让他们靠近的人。父母们大概也能从孩子心中那些动画英雄的身上看到孩子信服和崇拜的"点"。不要求我们的父母都像变形金刚、奥特曼，但是至少我们的父母应该是一个勇敢、正直、善良的人。

爸爸妈妈们不仅要立得正、行得端，同时还能为孩子们创造一个安全舒适的环境。为人父母，应该要很清楚地知道他们的职责以及孩子对于家庭的意义，保护孩子是父母不可推卸的责任，维护家庭也是父母不能逃避的义务。做孩子心目中的英雄，不仅要能把他扛在肩头，还能把他背在背上，抱在怀里，这样可以给孩子多些安全感。同时，爸爸妈妈的雄心壮志也会影响孩子，激励他成为一个有抱负的人。

那么，具体来说，父母们如何做到让孩子信服、让自己与孩子更亲近，而不是让孩子长大后，觉得离父母越来越远、父母对于自己越来越陌生呢？在这里，我们给家长们提两个建议：

一、父母要对自己有品质和责任感的要求

父母首先要有正确的是非观，这样才可以教导孩子让他们分清善恶美丑。对孩子来说，爸爸妈妈不仅仅只是血缘上的名称，还意味着能给孩子支撑起一片天，担当起父亲母亲的职责，保护孩子、维护家庭，用智慧、用人品给孩子的成长播洒一路阳光。我们来看看小君的爸爸在小君的心里是怎样一个"英雄"的：

小君的爸爸是一个游戏迷，每天的工作就是玩游戏升级买卖"装

备"，他一整天都在电脑跟前，连吃饭也不例外。每次小君要跟爸爸玩，爸爸就说："乖，去找妈妈，爸爸要打怪兽了。"就把女儿推给了妻子。妻子上班的时候，他就把小君推给父母。自己整天玩游戏，什么都不管，父母和妻子多次劝说，他不仅无动于衷，而且说道："我玩游戏卖装备也是在赚钱，你们能不能不要这么老土！"因为总是拒绝和女儿一起玩，孩子与父亲越来越疏远。一次，女儿的幼儿园举行一个活动，每个小朋友说说自己父亲的英雄事迹，有的说，爸爸很轻松能把我扛上肩头，很英雄。有的说，爸爸带我去动物园，保护我不被动物咬到。有的说，我爸爸是警察，每天去抓坏蛋，是一个真正的英雄。小君沉默了半天说："我爸爸是游戏里的英雄，他总是在家里打怪兽。"所有人都被逗笑了，只有小君一个人哭了，小君心里特别委屈，为什么别人都有一个那样的爸爸，而自己，却只有一个关心游戏的爸爸呢？

小君爸爸的行为不仅伤害了女儿，也失去了女儿的心。作为父亲，作为家长，小君的爸爸不仅不能给孩子保护和支持，反而躲在年迈父母的翅膀下，玩自己的游戏。这样的父母，对于孩子，是一个莫大的悲哀。当孩子长大，懂事之后，必然会感觉到羞耻，父母也会觉得离孩子越来越远。

二、把握对孩子要求的度

父母对孩子提出要求是必要的，但应当把握好"度"。每个孩子的心理素质和学习能力都是不同的，父母要根据实际，提出恰当的要求。什么是对孩子恰当的要求？就是让孩子经过努力能够达到的要求。如果孩子无论怎样努力都达不到父母的要求，渐渐地就会失去信心，对自己的能力产生怀疑，进而会把父母的要求当作一种压力。还有个性比较偏激的孩子就会怀疑父母对他的爱，变得内向孤独，甚至自暴自弃。

另外，父母应当认识到，考试分数不是孩子学习阶段的唯一检验，对孩子的未来并不一定具备决定性的作用，还应该认识到，孩子的成功与否并不是最重要的，快乐幸福才是父母对孩子的最终期望。父母要求过高，过于严厉，对孩子没有耐心，动辄体罚，会在潜意识里把暴力植入孩子的大脑，让孩子认为暴力是解决问题的方法，养成了崇尚武力解决一切的习惯，对孩子的健康发展百害而无一益。

小铭，小学四年级（1）班的学习委员，爱学习，性格活泼，是老师心目中的"尖子生"，也是同学眼中的可爱公主。但妈妈对小铭的期望很高：每门功课必须在98分以上，不管试题多难，不管在班里的名次如何，只要低于98分，妈妈就不满意，对她严厉批评。在妈妈的严格管教下，小铭的心理压力很大，渐渐地，小铭不堪重负，学习成绩明显下降，对学习也产生了厌倦，开始喜欢上了逃课，变成了班级的"落后分子"。

小铭的例子告诉我们，对孩子过高要求会给孩子造成沉重的心理压力，使爱学习的孩子变得厌学，同时也会对孩子健康成长造成不可磨灭的伤害。

建言献策

人性中的弱点很多，比如胆小懦弱、懒惰无能、消极固执，但是在做了父母之后，都要坚决地摒弃。如果在短时间内不能做到，那么应该一边修正自己一边教育孩子，为求给孩子树立一个正面积极又可亲近的形象。

谁在一边大发抱怨之词

我们谁都不愿意自己身边的人是个爱挑剔、爱抱怨的人，因为爱挑剔、爱抱怨的人会让周围的气氛非常不愉快。但是，现实生活中，喜欢抱怨的父母却大有人在，他们抱怨天气，抱怨公交车，甚至抱怨孩子。面对孩子，容不得孩子出现半点儿错误、有半点儿缺憾，只要他们知道了孩子的问题所在，就会不由自主地去抱怨："你怎么这么笨呢！你看谁谁就比你强很多！"抱怨之声常常不绝于耳，虽然有的抱怨的确事出有因，但孩子自身的理解能力有欠缺，在抱怨的氛围中长大，日久天长，很容易形成消极悲观的人生观。

小天不愿意回家，他说他经常一踏入家门，就听到妈妈对爸爸抱怨："你成天就知道工作工作，从来不管儿子，现在他几门功课不及格了。"父亲低声嘟囔："养这个家容易吗？我没日没夜地忙，你也不看看自己，一上牌桌就下不来，儿子你也有份！"小天忍不住了："别吵了！你们少说两句，我就能及格了……"

小天的父母都表现出了抱怨的情绪，妈妈抱怨爸爸，爸爸抱怨妈妈，造成家庭氛围沉闷、紧张，压抑，也难怪小天这么不爱回家。在抱怨氛围中长大的孩子要不逆来顺受，要不逆反、攻击性强。父母们，请停止抱怨，给孩子创造一个清新的教育空间。

一、父母要认识到抱怨的危害

在单位里和同事抱怨，回到家里也不忘发牢骚，看到孩子做事做得不好，更是烦心。父母们如果冷静下来思考，会发现这些抱怨和牢骚都在给孩子传输一种消极的人生观，让孩子充满精神压力，这样做只会让孩子失去温暖的堡垒，影响孩子的身心健康。对于孩子做不好事情这个问题，父母如果想要让他改进，就要停止抱怨指责，事实上，孩子做得不好被父母抱怨，会使孩子越做越差。因此，父母不要一味地站在自己的角度要求孩子怎么做，一看到孩子达不到自己的期望就抱怨；而要从自己身上找到不足，学会改变自己的视角，从根本上转变思想和方法。只有这样，孩子才会有一个健康、良性的发展。

二、对孩子成长要有耐心和信心

孩子表现不好，让父母丢脸、难堪，这是因为孩子对社会规则、行为准则没有掌握，这是成长必需的代价，我们每个人都是这么走过来的，就像"赏识教育"的创始人周宏老师说的那样，如果我们对待孩子都像教他学走路那样，何愁孩子不成才呢？请您回想一下，当年您教孩子走路的时候，有进步您替他高兴，表扬他，他摔到了，您鼓励他，坚信他能够走好。其实道理就是这么简单，赏识和尊重可以让孩子开启成长的内驱力。比如孩子作业写得不工整，父母可以挑出书写工整的地方，欣赏地说："你看这些字写得多好看，后面的如果也像这样，该有多好，爸爸妈妈相信你以后一定能写好的。"然后和老师沟通，多给孩子一些关注，多给孩子欣赏与鼓励，这样孩子的自信心和自尊心都会得到满足，进步就肯定是水到渠成了。成长是艰难的，也是美好的，请父母们多给自己的孩子一点耐心和信心吧。孩子是上天赐给父母最好的礼物，他们应该活在灿烂的阳光中、明媚的春光里。他们活泼可爱，足以让我们保持乐观向上的心态。亲爱的爸爸妈妈们，抱怨是弱者的表现，停止您的抱怨吧！

如果您能停止抱怨，以正确的方式教育孩子，那么，您的孩子将会有更美好的前程。

建言献策

孩子心灵十分脆弱，任何打击都会使他一蹶不振。而偶尔的表扬、小小的鼓励却能让他充溢向上的力量。当您想要抱怨孩子的时候，请您学会以下这招：把话锋"掉个头"，先用鼓励和正面的语言肯定孩子，再委婉地指出孩子做得不足的地方，这样孩子接受起来就会舒服多了。

沟通，引导孩子心理的必备武器

"沟通"一词在中文大词典的解释是："穿沟通达也；疏通意见，使之融洽。"用比较通俗的语言来解释，就是寻求事情的"共同处"，找出事物的"平衡点"，画出事物的"交集"，其过程是"疏通"，结果是"融洽"。家长与孩子之间的亲子沟通对于孩子的社会性发展起着重要的作用。孩子的行为、态度、价值观受家庭的影响很大，孩子与家长之间的沟通直接关系着孩子的认知、行为、情感等方面的发展。亲子之间沟通的和谐程度，与孩子的健康成长息息相关，如果沟通不畅，孩子很容易出现社交性的情绪问题和行为问题。不良的沟通往往是沟而不通，对家庭生活气氛有伤害，进而对家庭成员的心理产生消极的影响，对孩子人格的形成与发展非常不利。

让我们来看看生活中经常见到的场景：

一个孩子气冲冲回到家里，告诉爸爸："我再也不打篮球了，每次比赛我都想上场，老师从来不让！"爸爸听了这话后的反应，大体会有下面几种：

其一，"你应该告诉体育老师你的想法，知道怎样为自己争取权利。"

其二，"你自己技术不行还怪老师，小时候叫你练球你就是不肯。"

其三，"我相信通过练习你会进步的，要有耐心，老师还没看到你的潜能。"

其四，"我去找你们老师谈谈，这对你不公平，你想打球怎能不让你打？"

上面的 4 种反应都不能有效地帮助孩子解决问题，在第一种反应里，父母"教育"意识、"规范"意识过强，缺少感情，特别容易引起孩子的抵触情绪。第二种指责和埋怨孩子，容易使孩子产生逆反心理。第三种反应不能真正解决问题，是通过回避问题来"解决"问题，是一种缺乏建设性功能的沟通。第四种反应大包大揽，孩子在这种沟通模式中，容易形成的是任性，只希望别人迁就自己，自己却很少体谅别人。

那么如何正确地应用方法，使自己在和孩子沟通的中收到良好的效果呢？家长们不妨抓住以下 3 个要点，相信它能帮助您提升和孩子沟通的融洽程度。

一、提升主动倾听的意识

良好的沟通技巧是打开孩子心门的一把钥匙。倾听则是搭建心与心的桥梁的基石。只有了解到孩子天马行空、千变万化的想法，父母们才能更好地为他们的人生保驾护航。孩子的教育 80% 在于沟通，

20%才是教育，只要沟通到位，教育不是一件很难的事情。而倾听正是亲子沟通必不可少的一个重要环节。正如"赏识教育"创始人周弘所说："要想和孩子沟通，就必须学会倾听。倾听是和孩子有效沟通的前提。不会或者不知道倾听，也就不知道孩子究竟在想什么，连孩子想什么都不知道，何谈沟通？"父母千万不能因为孩子小，就忽略他们的想法。不要总是居高临下，而是要蹲下身，与孩子面对面、平等地互相倾听与诉说。在倾听的过程中，用眼神或简短的语言表示出您的关切及浓厚的兴趣。切忌表现出不耐烦，或说出让孩子扫兴的话语。

二、允许孩子申辩、解释

沟通是建立在平等基础上的一种交流，因此，父母们必须放下家长的架子，和孩子保持同一高度，这样会减轻孩子的压力，更容易让他吐露心声。生活中常有这样的例子：孩子犯错，爸爸妈妈劈头就训，丝毫不给孩子解释的机会。当孩子开口想要申辩时，父母会气上加气，对孩子一声断喝："住口，不用解释了！"这种做法会对孩子造成很大的伤害。孩子有时候犯了错，可能有一定的原因，应该让他申辩和解释，总是用"你不用解释"来制止孩子，他就会渐渐放弃为自己辩解的权利，他会背负许多冤屈，一个人默默承受，长久下去可能会造成严重的心理问题。

三、运用反馈式倾听

帮助孩子找出问题的症结。所谓反馈式倾听，就是试着了解孩子的感受和想法，然后用客观、理性的话表达出来，向孩子求证，进一步了解孩子话语中隐含的意义，找出孩子隐藏的感受和问题的症结，帮助孩子从合理、正面、积极的角度觉察自己的感受，使负向情绪得到疏解。反馈式倾听的关键在于要抓住孩子的真实想法和所要讲的事情的真相，然后加以阐明，这样，孩子就会感到你理解他了。反馈式倾听为孩子能更清楚地看待自己提供了一面对照的镜子，也就是说，它给孩子们提供了自我反省、自我教育的机会。

　　让我们来看看运用反馈式倾听的爸爸如何来帮助孩子解决自身的问题：

　　爸爸："看样子你在生老师的气，因为他没让你参加比赛。"

　　儿子："可不是吗？打篮球挺有趣，尤其是在比赛的时候。"

　　爸爸："你很想参加比赛，可是事实让你感到失望了，因为同学之间有竞争。"

　　儿子："是啊，也许我应该加强练习，提高球技，才能有机会上场。"

　　爸爸将孩子生气的感受和生气的原因简明扼要重述了，反馈式倾听是一种尊重孩子的态度，父母可以不同意孩子的想法，但通过反馈式的倾听表示愿意真诚地了解他们的感受，包括字面上的意思或隐含于背后的意思。孩子觉得受到了尊重和理解，反而容易平静下来，思考自己的不足之处。

建言献策

　　在与孩子沟通的时候要巧妙地表达您的意见，在倾听孩子述说中，不要表示或坚持明显与孩子不同的意见。因为孩子希望的是家长"听"他说话，或希望家长能设身处地地为他着想，而不是给他提意见，批评他。您可以配合孩子的述说，巧妙地提出您的意见，比如孩子说完话时，您可以重复他说话的某个部分，或某个观点，这不仅证明您在注意听他所讲的话，而且可以用下列的答话陈述您的意见，如"正如你所说的，我认为……""我完全赞同你的看法……"等。

给孩子输入智慧的心灵软件

好奇心强、酷爱大自然是孩子的天性。当孩子告诉你，天边的白云像爸爸刮胡子留下的白沫，妈妈发起火来像一只暴躁的火鸡，爸爸妈妈们不要跟孩子生气，也不要觉得孩子荒唐，因为这些都是孩子与生俱来的想象力。想象力让孩子的世界衍生出很多新奇的画面，让孩子的脑袋里五彩斑斓，而自然是给孩子想象力最好的基地和源泉，父母们可以借大自然的力量给孩子输入智慧的心灵软件，打开孩子们求索知识的心扉。

海伦·凯勒，这个美国的盲、聋女作家，她的故事可以说家喻户晓，但却很少有人知道海伦的老师沙莉文小姐正是通过引导海伦在大自然中接受教育，创造条件让海伦走进自然，才创造了海伦教育的奇迹。海伦说："在大自然里，我明白了它施与人类的恩惠，我懂得了阳光雨露如何使树木在大地上茁壮成长起来；我懂得鸟儿如何筑巢、如何繁衍、如何随着季节的变化而迁徙；也懂得了松鼠、鹿和狮子等各种各样的动物如何觅食、如何栖息。我了解的事情越多，就越感到自然的伟大和世界的美好。"海伦的话告诉我们，培养孩子对大自然的亲近之情对开启孩子的心智是相当有益处的。自然给海伦·凯勒开启了智慧之门，成就了海伦惊人的成就。我们的孩子四肢健全，身体健壮，如果适当引导，一定会拥有比海伦更高深的智慧。世界上再没有比大自然更好的老师了。我们提出以下建议让家长们参考：

一、让孩子在大自然中尽情玩耍

大自然的一切都对孩子有着莫大的吸引力。孩子们有着天生和自然亲近的本能，能够和大自然亲密对话，他们能用心听懂大自然的语言。因此，让孩子接触大自然、感受大自然，让他们通过对自然的喜爱之情来帮助他们打开身心，为成长中的心灵输入灵性和智慧的光芒。父母们不但可以带孩子们去公园春游，还可以利用散步和户外活动的时间，带他们到公园里到处走一走、看一看、摸一摸、说一说等，使孩子们不但感到自由轻松，还能让他们沉浸在优美的自然环境之中。有条件的话，家长还应带他们去农村参观，看看农民种地的情景，有时还可以和孩子们一起参与到农民的劳作当中去。

二、教会孩子欣赏自然的美

我们不该让孩子远离自然。让孩子懂得亲近自然、拥抱自然、热爱自然，让孩子投身到自然中，并在感受大自然的奇妙过程中，给孩子输入智慧的软件，培养孩子的观察力、想象力。孩子对大自然的认识、对各种生物的了解也会越来越细致，而且对美的欣赏能力也会越来越高。小宝的爷爷就很有方法，在和小宝一起观察自然的过程中，教会了小宝很多东西。

小宝和所有生活在钢筋水泥构筑的都市里的孩子一样，渴望户外生活，爸爸妈妈忙，带小宝出去的时间不多，好在爷爷奶奶每天在身边陪着小宝，每到周末和节假日，爷爷就会带着小宝去自然景区散步游玩。在游玩的时候，爷爷会主动介绍沿途所见的各种植物的名字、习性，和各种相关的神话传说。小宝觉得每次出去散步就像在收集各种宠物精灵一样新奇有趣，而爷爷就像知识渊博的博士。和自然亲近之后，小宝就忍不住想要把自然搬到家里。小宝央求爷爷从附近的花艺市场买来植物种养，爷爷先给小宝挑选了仙人掌、马鞭草这些容易成活的植物，增强孩子对自己动手能力的自信，然后开始引导他们培育种植一些比较复杂，需要日常细心呵护的如山茶花、蔷薇之类的植物。在有了这一系列训练之后，爷爷就开始教他运用植物、石块制作小型盆景，并教他如何将房间和阳台用植物盆景布置，既让植物们各自生长在适合它们的光照和土壤环境下，又会产生美感。通过这一系列的培养，小宝不再整天沉迷于电脑游戏和电视节目，他每天放学做完作业之后就会观察庭院里植物的生长，给它们记《成长日记》。等到有花开放的时候，他还会叫上同学们到自己家里来赏花，增进了彼此的友谊。

建言献策

　　自然和游戏都是最贴近孩子天性的，是孩子成长的需要。为让孩子能在自然中成长，在游戏中学习规则、学习知识，父母们可以多了解适合不同年龄、不同性格、不同环境的游戏，在郊游的时候全家一块儿玩耍，也可以教会孩子观察自然、认识自然。

不逼着，孩子也会学习

　　对孩子而言，求知欲就像学习的营养剂，有了它，孩子的学习就有了原动力。可是，我们有很多家长仅仅关心孩子的分数。有了高分数，什么都是好的，什么要求都答应，什么愿望都满足。分数差，家长、老师冷落，还会挨骂、挨打。于是，孩子从小就被各种无形的压力逼着学习。

每次考试成绩出来的那天，小杰都非常忐忑不安，因为试卷上的分数将决定他回家后的命运。考得好的话，妈妈会给他奖励。奖励有三等：第一等，考第一名的话，可以任意提一个要求，妈妈都必须满足；第二等，考前三名的话，可以领取两倍的零花钱；第三等，考前 10 名以内，便被允许多看一小时的电视。相比起这些丰富的奖励，小杰更在意的是更严格的惩罚制度。如果跌下前 10 名的话，一个月内没有零花钱，不许看电视，每天看书时间增加两小时；而如果跌下 15 名的话，连自己喜欢吃的冰激凌、牛奶等都不能吃。所以，每次老师发试卷时，小杰就像是等着听宣判一样，忐忑不安，当看到好成绩时，他欢喜雀跃地回家领赏去，而当成绩不好时，他就磨磨蹭蹭地不敢回家。由于长期对考试成绩怀有紧张的心情，小杰渐渐地害怕考试了，而越担心害怕，就越容易出错，现在，小杰的成绩经常不如意，他受到惩罚的次数就越来越多了。

对孩子来说，学习是一个漫长的过程，很多家庭都有"父母奖学金"奖励孩子的学习进步，但是仅仅依靠物质的刺激，时间一长，物质一旦失去吸引力，就不会再给孩子驱动力了。因此，在学习上，必须从孩子的内心深处激发出孩子的兴趣，而不是仅仅凭借物质奖励。小杰开始为了获得妈妈的奖学金而努力学习，但当他不再感兴趣的时候，就很自然地感到学习的压力和"可怕"。不逼着，孩子就能够认真而又安静地学习，这是多少家长梦寐以求的事情。下面，我们来教您几招吧：

一、让孩子坚持发展兴趣爱好

从心理学的角度来说，人的动机可分为内部动机和外部动机两种。内部动机是我们内在需求的，按照内部动机去行动，我们是自己的主人。外在动机是外界给我们的，如果我们被外部动机所驱使，我们就会成为外在世界的奴隶。一个人的成功，内部动机比外部动机更重要，因为内部的刺激更加持久，也比较强烈，而将内部动机转化为外部动机，兴趣变成了责任，刺激就不强烈了，这点提醒我们的爸爸妈妈们注意。一个妈妈说，以前孩子很喜欢小提琴的，但是真的让他报了小提琴班，让他学习古典音乐的乐理时，他又没有兴趣了。这位妈妈，实在有点操之过急了，或者说叫做"拔苗助长"。孩子有一点点兴趣的时候，千万不要急着让他去学习专业的课程，因为一旦他的兴趣变成了责任，就不再好玩了。妈妈催促孩子去学习，看起来像是给孩子提供了进修的机会，其实，是把他们的内部动机强化成了外部压力，原本觉得好玩的事情，一下子变成了自己一定要完成的任务，变成了甩不掉的负担，孩子哪里会高兴？孩子成长过程中，最需要的就是妈妈的耐心。如果妈妈总是急于求成，孩子就像一个被催熟剂催熟的果子，品尝起来一点也不甜美。当孩子表现出好奇的时候，请给他好奇的权利和时间，这就是妈妈最好的体贴和关怀了；当孩子拥有自己的兴趣爱好时，请给他自由发展的机会，这就是妈妈最智慧的引导和呵护了。

二、多看"没用"的书，培养出阅读的习惯

父母们可以推己及人地思考，对成人来说，持久的阅读兴趣

也是源于书籍的"有趣"而不是"有用"。所以，孩子的阅读兴趣也是来自阅读的乐趣。乐趣才能产生兴趣，兴趣才能养成阅读习惯，有良好阅读习惯的孩子才能通过阅读学到更多有用的知识，事实上，"有趣"与"有用"并不对立，有趣的书往往也是有用的书。陶行知先生曾建议把《红楼梦》当作语文教材来使用。一本好小说对孩子写作的影响绝不亚于一本作文选。当孩子兴致勃勃地阅读时，妈妈万万不可因为书"没用"而责怪甚至阻止孩子的阅读，这样不仅会影响孩子的课外阅读学习，还会影响孩子的阅读积极性。一位妈妈发现自己正在读初中的孩子爱读韩寒、郭敬明等一些青年作家的青春文学作品，大惊失色。虽然她从未认真读过这些人的作品，但她主观地认定这些作品不健康，认为阅读这些作品浪费孩子的学习时间，所以她总是阻拦孩子去读。因此和孩子常发生冲突，孩子最终拒绝妈妈推荐的所有书，甚至不再看书。如果孩子不喜欢阅读，死抱着教材学习，那么孩子进入中学后就会越来越力不从心，到头来，原本认认真真看"有用"书的孩子，反而没有爱看"没用"书的孩子视野广阔，知识丰富、后劲十足。让孩子课外多看看他感兴趣的有正规出处的"没用"书，才能培养出孩子爱阅读的习惯。

建言献策

父母给孩子推荐"有趣"而"有用"的书时，可以参考畅销书排行榜上适合孩子阅读的版本。父母自己可以先把关，然后把这些书推荐给孩子，这样既能在孩子阅读的过程中与孩子讨论，又能丰富自己的精神世界。

自始至终，让自己成为孩子的榜样

苏联教育家苏霍姆林斯基说："父母自身的行为对孩子有重大影响，不要认为只有你们同孩子谈话和教导孩子、吩咐孩子的时候才是教育孩子。在你们生活的每一瞬间，甚至当你们不在家的时候，都是在教育孩子。你们怎样穿衣，怎样跟别人说话，怎样表示欢愉和不快，怎么样对待朋友和仇敌，怎样笑，怎样读报……所有这一切，对孩子都有很大的教育意义。"父母是孩子言行塑造的第一任导师，给孩子良好的言传身教，比给他们巨额的财富更重要。身为家长必须随时随地检查自己的言行，用自己的行为规范教育孩子。下面这位母亲的做法很值得我们学习。

星期天，我正在电脑上写文章，上幼儿园的儿子走了过来，往我身上一靠，亲热的样子。我知道儿子是想玩电脑游戏，就说："是不是想玩游戏？等妈妈忙完了，马上就给你玩！"

儿子高高兴兴地走开了。可没过多久，儿子又过来了，问我说："妈妈，您几点才忙完啊？"儿子的意思很清楚，就是什么时候让他玩。好家伙！刚上幼儿园，时间的概念刚刚建立，就跟我玩起这一套了……

手中的文章只打了一半，真不情愿让儿子玩电脑，可如果在儿子面前不讲信用，将会有严重后果，于是我便放下手中的事儿，把电脑让给孩子。

我对儿子说："好吧！不过你玩的时间不能太长，半小时，否则……儿子答应了，熟练地打开"极品飞车"，开心地玩了起来……

要求孩子做到的，父母自己要先做到。

案例中的母亲有如此觉悟实属不易，她能清晰地看到，自己如果不讲信用，会给教育孩子带来麻烦，也会不断提醒自己，要求孩子做到的，父母首先要做到。她是这么想的，也是这么做的。她做到了：她放下没有打完的文章，履行了与孩子"马上就给你"的诺言，这首先是尊重孩子的表现；同时，她与孩子约定时间，教会了孩子自律，将言传身教融于生活小事中，可谓高明。这里，我们给家长两条建议，如果家长能时刻关注自己的言行举止，不断提高自身的道德修养水平，一定也能拥有像这位母亲体现出来的教育艺术。

一、时刻关注自己的言行举止

把孩子培养成才是天下父母的共同心愿，而要做到这一点则需要做很多事情。年幼的孩子缺乏知识经验，他们首先通过直观表象来认识外界。这也决定了他们的主要学习方式是模仿，那么谁是他们的模仿对象呢？当然是离他们最近的父母。许多子女的行为举止之所以像父母，与其说是遗传不如说是早期模仿的结果。因此，家长应该做到：要求孩子相信的道理，自己首先应该相信；要求孩子做到的事情，自己首先应该做到；要求孩子不做的事情，自己也不做。即使偶然疏忽做错了事，也要放下家长的面子，向孩子说明自己的错误并改正，这有利于孩子辨别是非、知错就改和实事求是。如果说循循善诱、晓之以理是家庭教育的基本方法，那么身教更重于言教，孔子说："其身正，不令而行；其身不正，虽令不从。"

二、提高自身的道德修养水平

俗话说："上梁不正下梁歪"。家长是孩子的榜样，家长的言行有意无意地都会影响到孩子，不要对孩子空洞地说教，孩子的眼睛亮得很，虽然他们察言观色的方法与成人不一样，但是他们对很多事情都有着父母想不到的洞察力，孩子不是"傻子"，光靠几句"大人和小孩不一样"是打发不了他们的，唯一可行的办法就是必须身体力行，通过言行举止，以德服人。如果家长的行为和言行不一，无论家长对孩子说得如何有理，天花乱坠，也难使孩子心服口服，比如，孩子常常看到父母插队、骂人，然后又听到爸爸妈妈说，你要遵守学校的纪律，你要讲礼貌，做好孩子，他就会很怀疑，很迷惘，个性比较强的孩子会产生逆反心理，从而对人生采取一种玩世不恭的态度。所以说，家长自身的道德修养在家庭教育中至关重要，父母能不能给孩子做表率，这是一个关键问题。

建言献策

　　"说到做到，绝不食言"，这对爸爸妈妈特别重要。因此，答应孩子的事情一定要做到，哪怕付出一定的代价也值得。承诺不分大小，即使它真的只是一件小事，也不要怠慢。因为这关系到孩子心灵的成长。

管好孩子，家长要有哪些睿智行为

会问问题的家长，不吃亏

向孩子请教，向孩子问问题在很多家长看来非常不解：明明孩子处于弱势，为什么自己要扮"弱"，装不懂呢？其实，当父母向孩子求教的时候，会强烈地刺激孩子的学习欲望、成就感甚至自尊心。从另一个角度来说，对于孩子怎么想的，父母也没有十成把握。问问题，就是研究孩子是怎么想，研究孩子最容易接受的方法是什么，取得孩子的积极配合。这样的互动，自然受到孩子们的欢迎。向孩子问问题就是要让孩子感受到对他的尊重，对他的关心，并且让他自己也参与到教育中来发挥互动作用，这是启动孩子心灵发动机的重要方法。父母"明知故问"的"求知者"身份，会让孩子油然升起一种热情，主动承担起解答疑惑的任务，唤起心中的激情，小明的爸爸就是这样的高手，让我们来瞧瞧他是怎么做的吧。

最近，小明爸爸用问问题的方式教上小学的小明背诵古诗。爸爸说，他抄一首古诗，贴到墙上，然后向孩子请教，让孩子教他识字和背诵。孩子总是郑重其事、兴致勃勃地查字典、找资料，然后精心地教他，他也非常谦虚地学习。他用这种"请教"的方式，教自己的孩子背了一首又一首古诗。爸爸说："如果我硬叫他背，他肯定不乐意，现在请他教我，他就特来劲，学习效率也高。"这真是一种极高明的教育方法。

一、清晰把握向孩子问问题的本质

向孩子问问题的本质，是尊重、关心孩子。现实中，孩子的地位是低下的，有些家长图省事，总认为孩子什么也不懂，把自己的意识强加于孩子，替孩子做主，不关注孩子的心理需求，把孩子当作私有财产，随意打骂孩子……总之，亲子关系中出现的许多问题都能在尊重上找到原因。小虹妈妈的做法值得我们借鉴：

我平时注意倾听女儿的讲话，有时发现女儿心情不好，就主动问她是不是碰到什么困难，然后认真地倾听女儿道出原委，最后帮助她找到解决问题的办法。就是女儿上了大学，我还定期通过电话听女儿谈她的学习生活，帮她排忧解难。

二、真正做到以孩子为师

家长们常看到教育书籍上说的一句话，"以孩子为师"。很多家长不以为然，虽然有时觉得有不如孩子的地方，但是总觉得家长的权威是不能不维护的。其实，孩子在充当"老师"的过程中，会陡然升起一种自豪感，从而产生责任感和自信心。被长辈看重，对一个渴求发展的孩子来说是弥足珍贵的，有很多成功者就是因为小时候师长的鼓励、尊重而创造了自己生命的辉煌。

小剑读小学三年级，他成绩很差，失去学习的信心，很自卑。放学回到家里，他几乎都不敢跟父母说话，但是父亲就很温和地不断向他"请教"学习上的问题，他因而忘了自卑，满怀热情地教他父亲。如果他有不懂的问题，就去问老师，弄明白后，再教父亲。就在这种教父亲的过程中，小剑恢复并增强了学习的信心，成绩越来越好。其实，那是父亲用这种"请教"的方式在教他，鼓励他。父亲的目的也的确达到了。

建 言 献 策

适当地向孩子示弱、请教、问问题，能拉近与孩子的心理距离，增进与孩子的情感交流。最佳做法是：想锻炼孩子哪方面的能力，就在哪方面多示弱，多"请教"，请孩子帮你解决问题。

先纠正错，再表达谅解

孩子总会出现很多问题，如不爱学习、赖床、爱撒谎等，当孩子犯了错误，作为父母，我们应该如何面对呢？当然具体问题有具体的解决方式，但是万变不离其宗，那就是首先要冷静下来，去寻找一下错误的根源。先纠正错，再表达爸爸妈妈对他的关心和谅解。因为只有我们找到了孩子犯错误的根源，"斩草除根"似地除掉孩子错误的根源，才会彻底帮助孩子改正错误。当孩子认识到错误之后，对孩子的沮丧、难过等情绪要进行安抚和谅解，对待孩子的不良行为要严格，但是，对所有的感受、愿望、欲望和幻想，应该宽容对待，不管它们是积极的、消极的，还是矛盾的。像我们所有的人一样，孩子无法禁止自己的感受，有时候，他们会有自责、愤怒、害怕、悲伤、欢乐和恶心的感受。尽管他们无法选择他们的情感，但是他们有责任选择何时、如何表达这些情感。无法接受的行为并不是无法容忍的。试图强迫孩子改变无法让人接受的行为，结果是令人失望的。成功的父母们应该学会让孩子面对错误、改正错误，给孩子的成长创造规范而宽容的条件。

一、先给孩子规定好纪律

每个人都要受到"纪律"的约束，只有这样社会才能够有秩序地发展，生活中处处有规则需要遵守，爸爸妈妈们使用智慧的力量教会孩子遵守纪律，首先需要给孩子规定好纪律，并且连续一致地执行，这样比天天在孩子耳边唠叨那些所谓的"规则"要好得多。在约束孩子守纪律的过程中，不要对孩子情感上的快乐造成伤害。

布莱克夫人要去给那些犯过错误的男生上第一次课，她很担心。当她轻快地走上讲台时，她绊了一下，摔倒了，课堂里爆发出哄堂大笑。布莱克夫人没有惩罚那些嘲笑她的学生，而是慢慢站起来，直起身子，说："这是我给你们的第一个人生经验：一个人会摔倒趴下，但是依然可以再站起来。"教室里寂静无声，孩子们接受了这个启示。

二、给孩子一个界限

无规矩不成方圆，爸爸妈妈可以给孩子一个清晰的界限：什么行为可以接受，什么行为不行。孩子缺乏经验，如果没有父母的帮助，他们很容易盲目行事。当他们知道被允许的行为的清晰界限时，他们会觉得更加放心。对父母来说，限制比强迫执行这些规矩要容易得多。当孩子向这些限制挑战时，父母应该学会灵活处理。父母希望孩子开心，当父母不允许孩子违反规则时，孩子可能会觉得不再被爱了。当孩子出现问题时，父母们正确的做法是积极回应，而不是一味指责。

　　10岁的雷特答应给家里洗车，但是他忘了。等他想起来，试图去补救，但是已经来不及了。妈妈对儿子说："儿子，这车还需要再洗洗，特别是车顶和左边。你什么时候能做？"雷特说："我可以今晚洗。"妈妈微笑着点点头："谢谢你。"雷特的妈妈并没有批评他，而是告诉了他一些结果，语气没有丝毫的责怪和贬低。想象一下，如果雷特的妈妈批评了他，试图教育他，雷特的反应会有什么不同呢？妈妈问："你洗了车吗？"雷特说："洗了。"妈妈开始不高兴了："你确定？"雷特撒谎道："我确定。"妈妈生气了："你居然说你洗完了？你就是敷衍了事，你从来都这样。你只想玩，你觉得你能这样过一辈子吗？你要是工作了，还是像这样草率马虎，连一天都干不了。你太不负责任了！"这样的结果，不仅伤害了雷特的自尊心，而且对他身心发展也不好。

　　对于把手套丢了这样一些小事，妈妈应该这样跟孩子指出来："你把手套弄丢了，这很不好，很可惜，不过这不是什么大问题，只是一个小意外。"这就是所谓的小意外、大价值。丢失了一只手套不需要发脾气，一件衬衫扯破了，也无须对孩子大发雷霆。相反，发生小意外时，是传授孩子价值观念的好时机。

建言献策

　　"有心无痕"的批评和表扬才能对孩子生效。当批评孩子时，妈妈更要讲究艺术。要切记：孩子犯一次错，只能批评一次。如果他再犯同样的错误时，可以变换角度来说他。比如，孩子放学后写作业，每次写完后都不把书收拾到书包里，你可以批评他。但当他答应做到而又没有做到时，你可以和他一起想办法，比如，建议他在"记事本"上记住每天要做的这件事。批评孩子，既要让他认识到自己的错误并心存自责，又要鼓励他下次积极改进，这才是批评的高级境界。

适时让孩子"占点小便宜"

　　教育孩子，有时候需要睁一只眼，闭一只眼。对孩子们宽容，"适时让孩子占占便宜"，是一种教育艺术。孩子涉世未深，难免会犯错，有时孩子犯错并非是有意的。儿童期是犯错误最多的时期，与成年人的犯错不同，孩子们大多不会明知故犯。也许，孩子出于好奇或无知，也许孩子不能像成年人一样控制自己的行为，这时父母需从心底里宽容孩子的过错。此外，孩子在看待问题上，常常容易夸张或放大自己的问题，以为自己犯了错，父母再也不会喜欢自己了，如果父母再不能给孩子宽容，他可能会感到绝望。另外，如果因为一些无意的过错训斥、处罚孩子，不利于感化和教育孩子，成年人也会因此失去孩子们的信任。

　　孩子做事不妥当或犯了错误，常常与他的生活经验不足有关，或者说与其社会经验少有关。对于孩子做事的特点，父母们务必给予理解，做出合乎情理的分析，而不宜夸大问题的严重性，更不应曲解孩子的动机。同时，孩子犯错误之后，往往有后悔自责之意，这时候是让孩子接受教育的黄金时刻。此时，如果对孩子的错误给予理解，让孩子"占便宜"，以宽容之心和颜悦色地剖析事情原委及是非曲直，孩子可能字字入心、声声入耳，会成为他进步的一个推动力。

　　格蕾丝上初三的一个星期六，提出要去庆贺同学的生日，并在人家那里吃晚饭。虽然母亲不愿意女儿晚上出去，可又体谅她对友情的珍惜，并且答应了人家，一旦爽约是挺难为情的。所以，妈妈装作平静的样子同意了，问格蕾丝几点回家，格蕾丝答应晚上 8 点之前。当时她家刚迁入新址，妈妈不放心女儿夜归，与她约定晚上 8 点在地铁车站等她。那是一个寒冷的冬天。妈妈准时赶到地铁车站，等候女儿归来。不料，等了一小时，也不见她的身影。妈妈又担心又气愤：言而无信，今后再也不能信她了！妈妈伸长了脖子，冻僵了身子，心里却火烧火燎。又过了 20 分钟，格蕾丝终于出现了。隔着好远，可以听见她急促的喘息声。显然，她是跑着冲出地铁口的。妈妈使劲克制住自己的情绪，平静地问："回来了。""对不起，老妈，我回来晚了。"格蕾丝一脸愧意，一边走一边解释。原来，那位同学家又远又不靠车站，而女儿去时迟了，人家不让早走，加上回来时又找不着车站，又等车又倒车，折腾下来就耽误了不少时间。妈妈宽容地笑了，说："没关系，谁都可能碰上特殊情况，你回来就行了。"随后妈妈又与女儿分析，学生过生日，选在中午比晚上好，否则让多少人着急呀？而且大黑夜里东奔西走，也不安全。女儿听了连连点头，还夸妈妈很理解人。母女俩感情一下贴近了许多。

宽容是一种智慧，是一种特殊的爱，是一种胜过惩罚的教育。如何化惩罚为宽容，在孩子心中留下更好的印象？给父母们提出以下建议：

一、保护孩子的自尊心，适当的时候给孩子台阶下

对于孩子无论怎么做都做不好的有些事情，睁一只眼闭一只眼就算了，因为有些只是生活上的小节，并不是原则或者道德上的问题，比如8点之前总是完不成家庭作业，总是拖个三五分钟，和孩子说过，孩子也很努力，很紧张地看时间，还是做不到，那就算了，也不是什么特别大的问题。如果总是逼得孩子很紧，对于孩子的成长会得不偿失。当然，父母们要善于分辨什么样的事情无足挂齿，而什么事情必须坚持原则，这是首要的因素。

二、孩子犯错误时，对孩子要耐心宽容

孩子犯了错误，不要操之过急。批评孩子时首先肯定其某些良好动机是十分必要的。孩子改正错误需要一个过程，妈妈要有耐心，不要期望孩子立刻就能把错误改正过来，应该允许孩子在改正过程中有一定的反复，可以多多留意孩子在一段时期内的变化，鼓励孩子以后不要犯类似的错误。与孩子分析事情的教训所在，适当提出希望，告诉孩子错在哪里、怎样改正。与孩子一起评论是非曲直。如确实是孩子的错误，应该帮助其认识到错误，然后促其改正；如果不是，父母应反思自己的教育方式和态度，心平气和地与孩子交流。宽容的力量更强大，"恨铁不成钢"的父母们，选择以宽容之心对待您的孩子吧！您将看到孩子身上闪耀着比以往更夺目的光彩！

建言献策

　　每个人都会犯错，父母要允许孩子犯错，以宽容的眼光来看待孩子的错误，帮助孩子分析错误的原因，指出孩子需要改进的地方，引导孩子不断地充实和完善自己。对于孩子，宽容是最好的教育方法。父母要意识到，正确的东西都是在错误的积累中得以形成的。所以，妈妈要允许自己的孩子犯错误，不苛求孩子十全十美。

抓住孩子智力开发的黄金期

　　神童方仲永的故事，相信大多数家长都耳熟能详。

　　神童方仲永很小的时候便能作诗，当时，但凡有人指物让他作诗，他就能出口成章，诗的文采和深意都远非同龄孩子所能比。同县的人感到惊奇，经常请他去做客。他的父亲觉得有利可图，每天牵着方仲永四处拜访同县的人。但是最后，当他十二三岁时，叫他写诗，已经很一般了。等到成年之后，才能完全消失，和普通人没什么两样。

　　《伤仲永》的作者王安石，在故事结尾写道："泯然众人矣。"从中可以看出作者对于孩子教育失败的痛心之情。故事的真实性已无从考证，但可以肯定的是，这样的教育失败案例在今天依然存在。经常听到一些家长说："我家宝贝，小时候多聪明啊！"这句话的潜台词可能就是"为什么现在泯然众人了呢？"其实，用现代教育学、心理学和生理学的眼光去看待像方仲永这样的教育失败案例，失败的原因在于，没有抓住孩子在 8 岁以前智力发展的第二个黄金期。

　　3岁前，是孩子大脑发育的第一个黄金期，这一时期大脑生长迅速，智力水平与孩子先天关系很大，这个黄金期就像电脑的硬件，从某种意义上说，取决于天生，就像故事里面的方仲永，天生就有很强的文学天赋。而8岁左右，孩子将迎来他们智力发展的第二个黄金期。此阶段，孩子的智力将达到整个人生智力水平的83%~90%。而这一阶段智力开发，就像给电脑安装软件，更多取决于外界正确的刺激，也就是父母的教育引导有关。如果没有抓住这个重要时期，对孩子加以悉心培养，孩子或许就成了泯然众人的方仲永。

　　但遗憾的是，很多家长往往忽略了"第二个黄金期"的开发。把孩子送入小学，就将培养孩子智力发展的任务全权转交给老师，自己则"乐得清闲"。曾听一位家长这样说过：孩子终于上小学了，以后就不用整天围着他转，又是陪他玩，又是想方设法开发他的智力。上小学了，有了老师，他的知识教育、智力开发，都可以由老师来负责，我也就可以轻松很多了。

　　事实上，生活中有类似错误想法的家长并不鲜见，你们有没有觉得孩子进入小学之后，因为有了学校老师教育，心理上有意无意地会感觉到放松了很多呢？

　　好孩子的成长靠父母。孩子的教育是一项持续的工程，是父母一生的重要事业，如果将孩子的教育过多依赖他人，其效果必然会大打折扣。退一步讲，一个班级要有多少名学生？而一个班级又能配备几名班主任？也就是说，即便老师全力以赴，将所有精力都用在孩子身上，也很难保证不会顾此失彼，绝不会比家长一对一的智力开发更有成效。因此可以这样说，如果家长在孩子初一入学，便放弃对他们的智力培养，则无异于是在浪费孩子智力发展的"黄金时间"。

聪明的父母，理应懂得在孩子智力发展的第二黄金期，发挥"引导者"的作用，通过正确的方法激发孩子的智力潜能，为孩子日后的人生发展，奠定一个良好的基础。

那么，如何才能抓住孩子七八岁时智力发展的第二黄金期，让他们变得更加聪慧呢？家长们不妨通过以下 3 种微手段，来提升孩子的智力发展水平。

一、让孩子多动手，智力发育好

七八岁的孩子十分贪玩，如果采取强制、枯燥的教育手段，很容易让他们产生抵触情绪。家长在开发孩子智力的时候，不妨使用一些"润物细无声"的软方法，潜移默化地对孩子智力进行开发。

据了解，科学家通过对正常人及很少动手的痴呆病患者大脑进行解剖发现，人的动手能力与其大脑灵活度成正比，如果平时让孩子多"动动手"，就等于是在反复进行"头脑体操"训练，通过手脑并用的方式来提升孩子的大脑灵活度。父母可以有意识地鼓励孩子多动手，或将这一理念和孩子爱玩的特点结合起来，做一些手部锻炼。例如左手剪东西、摆弄智力玩具、拍球投篮、学打算盘、做手指操、玩积木和橡皮泥等活动，都是通过手指锻炼，开发孩子智力的方式。同时，父母还可以让孩子做一些力所能及的家务活：让孩子自己铺床叠被、收拾房间等，这样，在培养孩子自理能力的同时，也让他们的大脑得到有效锻炼。

二、寓教于乐，让孩子爱学

一提到游戏，很多家长就会反对："孩子都上小学了，该收心了，怎么还能总是想着玩呢？现在想让他们收心还来不及呢！"持类似想法的家长不在少数，家长往往把上学了和要努力联系在一起，很多家长还笑称，上学了就是给小野马戴笼头了。其实事实并非如此，对于孩子而言，快乐第一，学习第二。会引导的父母应达成这样的效果：让孩子觉得学习像游戏一样有趣。

让我们来看一个案例：

孩子上小学之后，数学学习成了一个大问题。由于孩子喜欢玩，上课经常注意力不集中，对学习数学的兴趣也不大，而且由于经常受批评，对学习产生了厌学情绪。究竟该怎么办呢？作为妈妈的我心里非常着急，一来担心孩子的数学学不好，另外更担心孩子对数学失去了兴趣，以后将学习也当成一种负担，这对他以后影响是巨大的。

最后，我想到了一个办法。有一天，我叫来儿子，神秘兮兮地对他说："儿子，咱们来做生意吧。"儿子一听就来了兴趣。游戏规则是这样的，儿子拿出他的玩具和故事书，然后标上价格，吸引我来买，我买几件商品之后，儿子必须在10秒钟之内计算出商品的价格，否则交易就不成功。如果交易成功一次，我就奖励给孩子一个卡片，这些卡片按数量可以升级。升级到一定程度我就能实现儿子一定级别的愿望。

在跟孩子玩的过程中，我为了锻炼孩子的计算能力，故意刁难儿子，有时候同样的商品拿好几套，有时候故意调换好几次。儿子为了达成交易，也认真地计算着。经过一段时间的锻炼之后，我发现儿子的数学学习不再像原来那么被动了。三年级的时候还获得过计算比赛的冠军。

这里，我们要先为这位家长鼓掌。这位妈妈并没有强迫孩子多学习，而是巧妙地利用了孩子的游戏心理，设计了一种很符合孩子口味的游戏，游戏规则大有动画片里打怪物升级的影子，孩子在玩的过程中潜移默化地受到了数学训练，效果远远好于逼着孩子做几份试卷，算几道难题。

家庭教育最关键的一条就是不要强迫改变孩子的天性，对于孩子而言，他们对于玩有着很深的眷恋。可以说，喜欢玩就是孩子的天性，也是孩子认知世界的一种方式，父母要给予孩子玩的权利，不要怕玩会影响学习。对于聪明的父母而言，引导孩子正确去玩，不但可以促进孩子的学习，而且还可以让孩子玩出快乐、玩出开心，在玩中唤醒好奇心，在玩中认知事物，在玩中进步！

三、注意右脑开发，让孩子智力均衡

人类的大脑分为左右两个半球。其中，左脑主要负责逻辑性思维，右脑主要负责形象思维，有研究发现，只有两个半球均衡发展，人的潜能才能被最大限度地激发出来。一项权威研究显示：爱因斯坦、达·芬奇、居里夫人这些世纪伟人的共同之处就在于他们都有着超强发达的右脑。可是，如今很多学校和父母只关注孩子的学习成绩，却并不重视对其非语言思维能力的培养，这就造成孩子右脑得不到锻炼。

七八岁时是孩子智力开发的重点，恰恰是对其右脑的开发。一旦错过这一右脑开发的黄金期，使右脑潜能开发不到位，会最终导致孩子智力发育受到阻碍，影响一生的智力水平和思维能力。

因此，作为家长，必须要把引导孩子学会科学用脑作为孩子教育的一个重要环节，借助合理的方法帮助他们对左右脑同时进行开发。例如：

一、让音乐伴随孩子一起成长

音乐可以开发右脑，是绝大多数教育学家的共识。尤其古典音乐对孩子右脑的开发有很大影响。家长可以在孩子的日常生活中，有意识地给孩子播放一些古典音乐的曲子，这样既能够开发孩子的右脑，也培养了孩子对音乐的热爱，陶冶孩子的情操。

二、常与孩子一起涂鸦

绘画是开发孩子右脑的一个好方法。涂鸦是一种综合训练，包括视觉感受、动手能力、听觉描述、语言理解等能力，对右脑刺激也是多方面的。父母在平时可以主动鼓励孩子涂鸦，比方说当孩子看了动画片以后，可以和孩子一起把刚看过的情景画下来。

三、展开孩子想象的翅膀

想象力丰富的孩子，在日后的发展中益处多多，培养孩子的想象力，对于孩子的右脑开发效果也很好。平时可以有意识地对孩子的想象力进行训练。父母在日常生活中可以这样引导孩子：

给孩子讲故事，故意留下一段悬念，然后让孩子自己想想下面会发生什么。

和孩子看连环画的时候，故意遮住一张，让孩子想想下面会发生什么。

……

开发右脑，是一个长期的过程，甚至可以说这一过程将伴随孩子一生。爸爸妈妈不要觉得开发孩子的右脑是一项任务和工作，想想看，和孩子一起做做游戏，看着孩子开心的样子，对家长而言，不就是一种难得的快乐吗？同时，对小孩子而言，他们最需要的也是快乐，可以说，拥有快乐童年的孩子，智力发育一定不会比别的孩子差。

建言献策

在开发孩子智力的时候，父母一定不要心急。要知道，神经系统的发育成熟也不是一蹴而就的，孩子的智力发育也要遵循自然规律。所以，在开发孩子智力时，应遵循自然生长规律，由浅入深，循序渐进，不能超过孩子的智力承受水平。倘若急功近利，则很有可能会适得其反。

引导孩子习惯"没有洋娃娃的课堂"

"没有洋娃娃的课堂"就是指孩子从幼儿园升入小学这一时段，幼儿教育上称之为"幼小衔接期"，其时间跨度大致可以从幼儿园持续到小学低年级。有一部分处于"幼小衔接期"的孩子，往往会出现贪玩、注意力不集中、没有时间观念、没有规则意识等种种不适应症状，为此家长们大感苦恼。

为什么会出现这种情况呢？孩子由幼儿园进入小学，并非仅仅是升学这么简单，其实对于孩子来说，要面对很多对于他们来说甚至稍显痛苦的"改变"：

一、关系人和行为规范的改变

幼儿园教师和小学老师的角色定位是不同的，相对于被称为"第二父母"的幼儿园老师而言，小学教师对孩子要求更严格、学习期望更高。因此，孩子进入小学后，必须学会正确地认识自己，融入集体，他们以往的感性要渐渐被理性和规则所控制。这种关系人和行为规范的变换，对孩子的压力和负担是不言而喻的。

二、学习方式的改变

在幼儿园中，老师更注重培养孩子情感及心理的健康发展。他们将娱乐融入教学，通过游戏的形式来达成教学目的。进入小学以后，孩子们将脱离以往那种寓教于乐的教学模式，转而进入相对"索然无味"的学科课程。孩子面对比幼儿园更重的压力，如果家长和老师这时忽视孩子的心理及生理问题，也会导致孩子出现诸多问题。

三、社会结构的改变

孩子入小学后与幼儿园的友伴分离，重新建立新的人际关系，结交新朋友，寻找自己在团体中的位置并为班级所认同。如果孩子在这方面没有处理好，很容易出现自卑、胆小、厌恶交际等心理问题。

由于上述原因，有些孩子们开始出现不适症状，为了寻求心理上的平衡，他们中的一部分人会选择重拾"幼儿园乐趣"，继续将"玩"当成自己的主要任务。一部分人会对学校及老师产生抵触心理；面对打击，部分孩子会对自己表现出极大的不自信。

由此不难看出，"幼小衔接期"完全可以称得上是孩子人生的一个关键转折点，其影响力甚至不亚于"小升初"或是"考大学"。那么，既然"幼小衔接期"在孩子的人生旅途中占有如此重要的分量，作为家长，我们又该如何引导孩子弥补自身不足、顺利度过这一关键时期呢？

一、让孩子认识到角色的转变

孩子"幼升小"第一个变化，就是"身份"的转换。父母们首先要认识到这一点，并采取相应的激励措施，唤起孩子对于"小学"的憧憬与向往。在孩子进入小学之前，要适当对孩子进行"学前激励"，激发孩子的入学欲望，唤起孩子的入学热情，使他们对新的学习生活充满期待。不过，有很多家长虽然注意到了这一点，可是方法却有问题，他们往往会这样对孩子进行"学前激励"：

> 小学比幼儿园可强多了，有更多的小朋友，可好玩了！
>
> 进入小学，你就是小学生了，弟弟妹妹们会很羡慕你的。
>
> 到了小学，学习知识，很多你不懂的问题就能找到答案了。
>
> ……

然而，当孩子真正踏入学校，发现父母所描绘的场景与现实不符时，他们中的一部分人就会感到极端失望，进而将心目中的美好期望全部否定，甚至会对学校和老师产生抵触情绪。可以说，这样的激励效果反而适得其反。

在这方面，一位家长做得就非常好：

> 我在孩子上小学之前，并没有过多地向他描述、夸大小学生活的乐趣。只是简单地告诉他："小学不同于幼儿园，上了小学以后，你就要让自己变得更懂事。"
>
> 开学的前一天，我带着孩子前往学校熟悉环境。走过操场、办公室、教学楼，最终我们停在了光荣榜前。我用手指着光荣榜对孩子说："你知道这些哥哥姐姐的相片为什么会挂在这里吗？"孩子摇头。
>
> 于是，我告诉他："这个叫做光荣榜，与你们幼儿园的'小红花'差不多。不过，你们的小红花只要听话一点，做点小事情就可以得到，

而要想登上光荣榜，就一定要品学兼优才行。儿子，在幼儿园里你是'宝宝'，有老师照顾，多数时间都在玩。到了这里，你就是'学生'了，要慢慢学会照顾自己，要懂得遵守学校纪律，还要将更多的时间用在学习上。这样你才能像哥哥姐姐一样，把自己最漂亮的相片挂在这里。你能做到吗？"

儿子不住点头，眼中充满光彩："妈妈，我也要把自己最漂亮的相片挂在这里，让小朋友们都认识我。"

我知道，孩子对小学生活已经充满了期待。

显然，这位妈妈非常聪明，她采用心理战术，让孩子在看到角色变化的同时，又对小学生活充满了期待，进而在情感上真正接受了小学。

二、让孩子将兴趣从"玩"转移到"学"上来

孩子脱离幼儿园进入小学，告别了拥有玩具的生活，大多不能很快适应那种相对紧张的学习氛围。于是，他们开始抱怨、开始坐立不安、开始厌烦学习、开始请求父母让自己重新回到幼儿园。面对孩子这种变化，家长要给予孩子一种理解、认同的态度，同时引导孩子，去探索课堂的乐趣。

有这样一位母亲，她在激发孩子听课兴趣方面，就很有一套自己的方法。

儿子上小学以后，学习兴趣总是不高。一天，他对我说："妈妈，上课真没劲，没有玩具，不能随便动，只有老师一个人在说，我们只能傻坐着。而且课间休息时间那么短，上趟厕所就没时间玩了。"

看着儿子撅起的小嘴，我故作惊讶地说："不可能啊，妈妈上小学那会儿，觉得上课很有趣啊，比你看的动画片有趣多了，要不明天你也试着认真听一下课，看看有没有什么有趣的发现。"

儿子听了后，半信半疑地点了点头。几日后，儿子放学回来，兴冲冲地跑到我面前说道："妈妈，上课确实挺有趣的，你猜今天老师说'告'字是什么？哈哈，她说'告'是一口咬掉牛尾巴。"

很明显，这位妈妈成功的关键就在于，她能够抓住孩子感性、猎趣的心理，因势利导，首先认同孩子的感受，然后再借助孩子的方式，调动孩子的听课欲望，从而使他真正爱上了没有玩具的课堂。

三、别忽略了孩子的自卑心理

一位妈妈这样诉苦道：

我女儿在幼儿园时，表现非常好，活泼可爱，但是不知为何，自从上小学以后，变得越来越自卑、胆小。她很怕和老师接触，上课时不敢回答问题，有了事情也不敢对老师说。有一次，老师叫她回答一道很简单的数学题，她本来知道答案，但就是因为胆小、不自信，便低着头一言不发，最后竟哭了出来。现在，我真不知道该怎样才能使她变得自信起来。

这位妈妈所遇到的问题，应该引起我们每一位家长的重视。孩子进入"幼小衔接期"以后，面对环境的瞬间转换，一时间会感到很难适应。这时，一部分孩子，在陌生环境下就会变得无所适从，分不清自己是对是错，他们不敢回答老师的问题，不敢与老师正面接触，逐渐变得越发不自信起来。如果这时，父母对于孩子的关注不够，就会使他们"越陷越深"，渐渐变得在困难面前习惯性地选择"逃避"与"退缩"。而一旦这种不良习惯确立下来，则势必会对孩子的一生造成不可估量的负面影响。

所以，在平时，家长们一定要多给孩子以肯定，比如孩子做完一件事，父母要告诉他："你做得很好"，"你真不错"，慢慢地让他相信自己是可以做好很多事情的；帮助他们掌握一些同学、朋友还没有掌握的能力，哪怕只是极其简单的能力，他们的自信心也会在很大程度上被激发出来……事实上，一年级的孩子虽然很容易自卑，但同时又很容易获得自信，只要准确掌握孩子这一时期的心理动向，根据其特点，有针对性地采取一些引导措施，孩子就会摇身一变成为自信高歌的百灵鸟。

建言献策

其实，孩子"幼升小"的根本变化，就是其身份角色的变化，倘若父母能让孩子正确认识到这一点，就能在很大程度上勾起孩子对于小学生活的向往和热情。不知不觉中，孩子们就会一点点成长起来。

孩子需要关心式的和解

孩子上学以后，和老师之间的沟通，就是每一位家长必须面对的。家长和老师的立场不一样，如果双方不能互相理解，不能"和解"，那么吃苦的就是夹在中间的孩子。家长和老师要想建立良好的沟通，首先家长要认同学校的教育理念，彼此尊重；其次，家长要摆正自己的位置。两方成为联合体，相互取长补短，共同协作，才能更好帮助孩子成长。家长也要接纳老师的不完美，彼此宽容，相互信任，真诚合作。还有就是要注意良好的沟通方式。最重要的无外乎三点，即谦卑和气的态度、就事论事、换位思考。有了这些，即使言语笨拙，沟通也会向良好的方向发展。

孩子需要在家庭、在学校都和谐的环境，需要老师和家长的"关心式和解"。学校和家长双方的目标都是为了孩子的快乐健康成长，老师和家长更应该是紧密的合作伙伴，而不是彼此埋怨的对手。家长、孩子、老师，关系应该如何经营？我们建议家长可以注意以下几个方面：

一、家长与孩子的老师要保持经常联系

家长可以趁着去学校参加家长活动的时候，抽时间去见孩子的每一位老师，沟通一下，平时就建立好沟通的基础，和老师打好招呼，不要孩子有了问题才想到和老师沟通。有时候时间不方便，电话短信也足以解决问题。目前"报忧"沟通比较普遍，家长接到老师对孩子负面的消息，切忌全盘一股脑转述给孩子，更忌讳老师批评了还不算，家长还要数落孩子的"不争气"，这会快速地摧毁孩子的自我形象。"请家长"也是很平常的事，家长要切忌为面子让孩子在众人前蒙受羞辱；家长要以真诚和尊重的态度来聆听来自老师的信息，要从老师提出的现象当中发现孩子需要帮助的地方，将话题引导到如何帮助孩子上面，而不是只讨论孩子的错误行为和缺点。向老师请教也很重要，毕竟教孩子是他们的专业，他们有很多好的方法和经验可以借鉴。同时，老师也有不得不完成的任务，家长应予以体谅。让我们看看豆豆的妈妈

是怎么做的。

　　豆豆上小学四年级，学习任务比以前重了很多，老师给我打电话，报告孩子的"反常"行为：你儿子啊，不认真听课，上课走神；中午吃完饭，别的孩子都在教室里待着，你家孩子总到校园里遛弯儿，四处乱跑，希望家长督促孩子学习，也说说孩子别让他溜达了，就他特别。而儿子呢，回来向我诉苦说，老师常常取消他们喜欢的体育课、科技课，让他们在教室里做语文数学题。也提到了有几个男生常常因此跟老师"造反"，结果当然是"老师专政"。儿子虽然不在"造反派"队伍里，但很显然，他支持那几个"造反"的孩子，对我说"哪里有压迫，哪里就有反抗"。我观察孩子，觉得儿子真是可怜。城里百姓"圈养"孩子——住房狭小，马路太乱，邻居不相往来，结果造成手脚运动不足，行动不麻利。说实话，接到老师电话心里很不爽，儿子够不容易的了。每天不停地写作业，体育课有限还常被取消，溜达溜达挺好，比趴在小桌子上睡觉强。走神？对孩子来说很正常！但是电话里，我没对老师说这些，我猜我儿子这样也必是增加了老师的一些辛苦。我对老师尊重有礼，表示在家加强对孩子的帮助，谢谢老师的关心，也请老师多帮助孩子。儿子问我，老师跟您告我状啦？哼，我们老师就这样，先打电话，然后就是请家长，和家长一块给我们施压，看你服不服，有好几个同学都被请家长了。我意识到儿子和老师的对抗情绪，思索着怎么避免发生冲突；或者说，我闻到了儿子将要和老师发生冲突的气息，那我该怎么办。还有，我作为家长也极有可能和老师发生冲突，心疼儿子嘛。以后的时间里积极督促孩子提高写字质量，虽然午饭后他照旧溜达，老师也没怎么说，只是觉得有一只羊没跟群羊在一起，不大方便管理。接下来一段日子跟老师还是电话沟通，不外以上内容。我对老师说话诚恳尊重，仔细聆听老师对孩子情况的述说，感谢老师的辛苦和对孩子的关心。这样几次电话下来，渐渐有了微妙的变化——由陌生到渐渐熟悉，老师的谈话由最初的"控告"，也渐渐提到孩子的很多优点，还指导我一些可以帮助儿子的方法。听完老师对儿子"控诉"的话，我给儿子翻译成"老师说，你写字方面很有潜力，可以写得更好，让多练练"；老师说你有啥啥优点等。开始儿子不太信，还问：老师真是这么说的？我赶紧再给老师发短信：××老师，孩子不相信你其实很欣赏他的啥啥优点，拜托你明天亲自告诉他！孩子再放学回来，眼睛放光："妈，老师今天表扬我了！看来我们老师也不总是挑我的不是！"我一下子放松多了，"老师猛于虎也"的阴影开始渐渐退去，对于日后的"风雨"少了很多担心。儿子也很愿意每天回来给我做"新闻联播"，一时间皆大欢喜。

豆豆的妈妈虽然并不赞同老师对儿子的"控诉"，但是她首先表达了对老师的尊重和体谅，并帮助孩子把字写好，当她发现儿子和老师隐隐有"冲突"的苗头，用智慧与老师建立了彼此信任、理解的良好沟通，将冲突第一时间扼杀。

二、家长要在家里营造轻松的氛围

营造轻松氛围的目的是给孩子安全感和倾诉的空间。不论在学校发生了什么情况，孩子都可以自由地向父母诉说。这对孩子很重要。孩子的情绪被接纳，就可以建立安全感，然后孩子也愿意接纳你所提出的各种帮助。一旦孩子和老师的"冲突"发生，平时沟通良好的基础就会发挥作用，家长和老师携手教育孩子的成功案例也能就此发生，家长的"关心式和解"也就能马上发挥作用，下面的这位妈妈戏谑道来她和老师的"冲突沟通记"，可能让您点头称是。

一天下午我正在开会，突然接到老师的电话，要求我赶紧到学校来一趟，说我的儿子极端不服从管教，要我去和老师一起"说说他"。一进教室，发现除了我儿子，另有两个男孩子在场。一个男生斜对着老师站在讲台前，和老师正你一言我一语地争论，真是兵来将挡水来土掩，如同操练乒乓球的推挡功夫一般；另一个高大的男生还坐在第一排座位上，边写作业边做调和员。我儿子坐在讲台边另一个座位上，脸上挂着泪，却是满脸的不服气。这场面让我刹那间特同情孩子们。他们不但学习压力重，还每天遭遇跟老师沟通的困难；也特同情老师，五十多个孩子，单是批完作业就快累得半死了，纪律上又是"按倒葫芦又起瓢"，怎不心力交瘁！老师好不容易处理完了那个"乒乓球"手，又轮到我儿子。我把老师叫到外面，请求她单独给我和儿子找个地方。然后老师开始"控诉"我儿子的"罪行"。我儿子双手抱臂，来个"徐庶进曹营——一言不发"。我再次叫老师到外面，建议老师只叙述当日事情经过和她对孩子就此事的期望。因为儿子一副"硬抗到底"的态度，很难让他立即与老师和好。老师接受我的建议，于是事情变得容易了。老师叙述当中已经排解了大部分的怒气。事情起因其实很简单，吃过饭在教室里和几个同学扔上了橘子皮，遭到老师批评。儿子不服，于是起了冲突。老师说完了，让孩子回家去想，看看自己有什么做得不对的地方。然后我和老师留在教室里。孩子们全走了，我真诚地对她说看到了她工作的劳累，体会到如今做老师的有多么不易。老师看着我，说感谢我是个理解老师的家长，对我述说起她的困难，诸如学校各样的要求，不同家长的要求，来自孩子的挑战。她也感谢我聆听她讲话。回到家里，又仔细了解了儿子的想法，帮他明白他如何对如何错。儿子很感激我，说我没像其他家长那样当着老师和同学的面斥责他。他说有的家长被老师请去的时候就是这么干的，他的同学憋屈着哪！一个星期后，老师给我打电话，说孩子在日记中写了他对这次事件的认识，对老师有感谢，还有道歉。老师很感动！此次冲突，让我和孩子和老师的关系得以加固。信任、理解、彼此接纳的结果是带来每日的和谐。我和老师随时沟通，共同帮助我的儿子。儿子成绩越来越好，与人相处日具绅士风范。在儿子的小学毕业典礼上，儿子和老师亲密地合影，我看到他们的眼神中充满了对彼此的喜悦。

建言献策

　　主动和老师联系，千万不要等到老师报告不好的消息时才和老师联系，仅仅被动地回应也是远远不够的。没空见面，写信请孩子带给老师也是好方法。现在电子邮件、手机短信都很方便，可以更多地了解孩子在家在校的情况，双方及时配合才会更好地帮助孩子。

让孩子意识到，妈妈是一个需要保护的人

　　现在，都市生活节奏很快，家长们要事业和家庭兼顾，父母们每天的工作压力、家庭经济压力很重，但却很少和孩子提起，总觉得孩子分担不了，因此一直都自己扛着。其实有时候，让孩子知道妈妈是一个需要保护的人，不仅能让孩子培养独立意识，更能让孩子有体谅他人、体贴父母的情怀。很多孩子不知道父母每天在忙什么，不知道他们吃的、穿的、用的东西是从哪里来的，理所当然觉得他们吃好、穿好、用好是天经地义的，这自然很难让他们从心底孝敬父母，体贴父母，很难让他们从根本上担负起家庭的责任来。

《新文化报》的记者曾经在一地区的 3 所省重点中学发了 280 份问卷调查，结果令人震撼：问题一：你的袜子谁来洗？ 95% 的回答是妈妈或其他长辈洗，5% 的回答是自己洗。问题二：你认为妈妈辛苦吗？ 22% 的回答是一般，59% 的回答是很辛苦，19% 的回答是不辛苦。问题三：你常与妈妈沟通吗？ 22% 的回答是经常，26% 的回答是偶尔，52% 的回答是几乎从不。问题四：你给妈妈做过饭吗？ 20.5% 的回答是没有，66% 的回答是有过一两次，13.5% 的回答是经常给妈妈做饭。问题五：你常对妈妈说感激的话吗？ 39% 的回答是经常，20% 的回答是只是偶尔，41% 的回答是几乎从不。问题六：妈妈不高兴时，你安慰过她吗？ 62.2% 的回答是有，5.4% 的回答是没有，32.4% 的回答是有一两次。问题七：你为妈妈洗过脚吗？ 17% 的回答是洗过几次，20% 的回答是只洗过一次，63% 的回答是从来没洗过。问题八：你觉得应该回报帮助过你的人吗？ 20% 的回答是没考虑过，62% 的回答是应该，18% 的回答是不用。问题九：遇见教过你并常批评你的老师，你会说话吗？ 86% 的回答是不理她（他），假装没看见，14% 的回答是会主动上前打招呼。在这份问卷调查中，有 52% 的回答是孩子表示自己几乎从来不和妈妈沟通。对于"你认为妈妈是否辛苦"这个问题，有 19% 的孩子觉得妈妈不辛苦。"我一点也看不出妈妈辛苦，她每天早上起来给我做早饭，然后送我上学，晚上再来接我回家。天天如此，从来没有听她说过自己很辛苦啊。"妈妈只是没有把生活的辛苦和沧桑挂在脸上，孩子们就以为自己的妈妈一点都不辛苦。而在对"你常对妈妈说感激的话吗？"这个问题上，41% 的孩子选择从来没有，并且认为："她是我的妈妈，对我好是自然的。别人的妈妈也对自己的孩子很好啊，我又有什么特别吗？"对于孩子不知道感恩回馈父母的情形，妈妈们可以参考我们提出的两个建议：

一、培养孩子的独立意识

其实，如果父母把孩子当作是一个独立的个体，当妈妈与孩子之间是相互尊重、相互理解、地位平等的时候，孩子就能更好地感受到妈妈对自己的爱，妈妈为自己做出的牺牲；当孩子完全从属于妈妈的时候，他们就会无视别人为自己做的一切了。如果你的孩子也是这样，那就应该想办法引导自己的孩子认真考虑一下：妈妈每天不仅要做好自己的工作，还要费尽心思照顾全家人的生活，即使面临着工作和家庭的经济压力，也很少跟孩子提起，实在是很不容易。当妈妈空闲的时候，可以给孩子讲一讲自己工作的情况，让孩子了解妈妈工作的艰辛，做到心中有数。无论妈妈是从事什么职业，都是靠自己的双手在劳动，都是凭自己的本领在吃饭，都值得孩子敬重。当孩子对妈妈付出的辛劳越了解，才越会从心里相信和敬重妈妈，才会真正地理解妈妈。

二、教育孩子珍惜妈妈的劳动

教育孩子珍惜妈妈的劳动，让孩子也参与到一些简单的劳动中来，在劳动的过程中让他体会到做任何事情都不是轻而易举的，必须付出努力，并让孩子理解妈妈对他的期望以及为此所做的一切。当孩子不能理解妈妈的苦心时，妈妈应该静下心来与孩子进行交流，告诉他你的困难、辛苦以及工作的状况，让孩子去理解你、关心你，这样才能有利于孩子的健康成长。有些孩子认为父母为自己做的一切司空见惯、理所当然，这只是表面的现象。事实上，也是因为父母给了孩子这样的暗示，父母认为孩子是自己的，不论什么都会替孩子操心，并且认为孩子小，不忍心将生活的压力告诉孩子。生活中，我们常常会遇到这样的情况，孩子走路摔倒了，趴在地上哭，这时妈妈会急忙跑过去把孩子扶起来，并对孩子说："这路真坏，把我们家宝宝绊倒了，妈妈打它。"说着向地面用劲踢两脚，孩子看了，又笑了起来。看上去，妈妈当即把孩子哄住了，但却给了孩子一个暗示：跌倒了怪路，孩子完全没有责任。这很容易使孩子产生一种思维惯性：凡有错误都怪别人，自己完全没有错。这样的孩子做事往往会推卸自己的责任。这是不正确的，父母们教育孩子学会理解，凡事除了从自身的角度考虑之外，还要推己及人，以他人的观点观察一下，这样才能不失偏颇。同时还要与孩子建立亲密的沟通，让孩子了解妈妈的烦恼和辛苦。可以在忙家务的时候和孩子多聊聊天，让孩子也能了解自己在工作中遇到的问题。

建言献策

　　妈妈可以鼓励孩子自己洗小手绢、自己收拾书包、自己打扫房间，做一些力所能及的家务，分担妈妈的负担，并从头到尾引导孩子把厨房打扫干净，以此来培养孩子的责任感。在学习上，妈妈一开始就应该让孩子明白，学习并不是为家长学，而是孩子自己的事情。因此，在孩子做作业时，妈妈没有必要一直在孩子旁边陪着，要让孩子学会独立思考问题、独立解决问题。

为自己和孩子同时设立目标

　　没有哪个家长不希望孩子成才，但大部分家长都停留在想的阶段，却很少有明确的目标，孩子也就没有明确的成长方向。让孩子了解，自己要去哪里，去那里的意义。只有明确了自己的目标，才能向目的地前进，若是连目标都不明确，又何谈达到。

目标是指想要达到的境地或标准。在成长的过程中，一旦制定了一个目标，就会从内心深处产生一种力量，努力朝着所定的目标前进。设立目标是第一步，事实上，有目标就有管理，无论是大目标、小目标，无论是企业、个人事业和孩子的教育，理念是一样的，只是对象不同，方式方法各异，难易程度不同罢了。管理学家德鲁克说："所谓目标管理，就是管理目标，也是依据目标进行的管理。"它强调自我控制和自我调节，用"自我控制的管理"代替"压制性的管理"。虽然家庭教育与企业管理截然不同，但是将目标管理的理念和方法运用到家庭教育中也是卓有成效的。让我们首先来看一看鹿鹿的妈妈是怎样为鹿鹿和自己同时设定目标的。

7岁的女儿鹿鹿上小学了，报名那一天，她兴奋得无以言表，不停地走来走去，喃喃自语："怎么搞的，就上学了！"经历了幼儿园小班、中班、大班的漫长历程，一条马路之隔的小学早已是女儿梦寐以求的殿堂。如今梦想成真，让她如何不激动呢！

鹿鹿上学后，活脱脱一只小麻雀，叽叽喳喳叫个不停，缠着要给我讲她学校里发生的事情，一不留神没认真听她还挺有意见。一天傍晚，我下班回到家，外面已经天黑了，家里却没亮灯。我纳闷："出什么事了？"只见鹿鹿坐在沙发上，眼睛直直地盯着电视机，电视机是关的。我轻轻地碰碰她，问："女儿，怎么啦？"鹿鹿嘴一扁，眼泪吧嗒吧嗒掉下来，呜咽了好久，我才弄明白原来今天她班里发红领巾了，她没拿到，伤心极了。

饭桌上，鹿鹿没戴上红领巾的消息成了爆炸性新闻，爷爷、奶奶、叔叔、姑姑、还有她爸爸都七嘴八舌地评论，有的说："鹿鹿学习不错，表现也好，老师不让她当少先队员真是不长眼睛。"另外一个接着说："现在的老师都很势利，你们作父母的都不去跟老师搞关系，小孩自然受冷落。"还有的说："现在的红领巾没什么了不起的，这次没有下次就有了，人人都是少先队员。"我沉默不语。

那一晚我彻夜难眠，到底是女儿有问题还是我出了问题？一直以来，我对女儿的表现感觉还算良好，鹿鹿有些胆小，与其他同学相比活泼中少了些泼辣，但她聪慧、热情、大方，在语文、数学科目的比赛中都获奖，也积极参与各类活动。我想凭她自身努力可以在老师眼中占有一席之地，因而和老师也没有过密接触。听说有的老师公开和学生提额外要求，家长和老师交往深的小孩就坐在前排、安排当班干部，没有交往的则被打入冷宫。难道问题真的出在这儿？我思索了好久，无论鹿鹿在学校有没有受到不公平的待遇，如果大人用社会的方式介入其中，那等于告诉孩子她的努力比不上走关系，等于向培育孩子的这块净土（学校）添上一抹黑，最后决定小孩的事情还是应该用孩子的方式去解决。

翌日，我给女儿讲妈妈小时候戴红领巾的故事，她立刻忘记了自己没戴上红领巾的事而转入了对妈妈戴红领巾的好奇。随后，我和鹿鹿商量好，把争取拿到红领巾作为她下一学期的奋斗目标。围绕着这个目标，我要求鹿鹿要做好以下几点：

第一，上课要专心，不能和同学说话。由于她个子较高，坐在教室后排，旁边的同学上课爱捣蛋，老是扯着她说话。针对这一点，我要求她批评上课说话的同学，若是不听则不要理睬他们，任他们自己说去。但是下课了还是好朋友，大家要一起开开心心地玩。

第二，要积极当老师的小助手，如帮老师收、发作业，擦黑板，搞卫生，出墙报，等等。让老师喜欢她。

第三，要独立完成家庭作业，自己检查错误并改正。如今老师布置作业都要求家长签字，有的家长担心孩子不懂或想孩子作业做得漂亮给老师留个好印象，家长帮助的成分太多，助长了孩子的依赖性。鹿鹿也冒出这种苗头，做完作业一扔给我签字，自个儿玩去了。漏的、错的等着我帮她改。还有一碰到问题不加思考就问，懒于动脑。自己不收拾整理书包，有时笔、胶擦没了也不知道……独立性较差。

第四，早上要按时起床，准点到校。由于鹿鹿没有养成早睡早起的习惯，有时睡得晚，起床拖拖拉拉，两次因迟到被罚站。这方面爸爸妈妈也有责任，如出去回来晚、看电视等，影响了小孩睡觉。

随着女儿要做什么，妈妈要改进哪里，一项一项商量妥当，我们就朝着一个共同的目标——鹿鹿下学期争取戴上红领巾，开始努力了。

首先从家长做起，星期一到星期五晚上一般不安排外出活动。现在的夜生活丰富多彩，吃饭、逛街，很容易就回来晚了。小孩看到家长都在活动，只她一个人早睡心里不舒服总睡不着，所以要从创造一个好的环境开始，下午下课后至晚饭前这段时间是玩乐时间。晚饭后要做作业，如果她提前完成了作业，这段时间也可以小玩一会儿。晚上9点至10点是练钢琴时间，一般练习40分钟。10点左右上床睡觉，最迟不超过10点半。睡觉前妈妈抓紧把家务活干完，睡觉时爸爸要把电视的声音关小，共同营造一个适合睡觉的氛围。这样，慢慢就把鹿鹿的睡觉习惯调整过来，早上起床也不闹别扭了。

对于鹿鹿的家庭作业，我也调整了自己追求完美的心态，并与女儿交代，她的家庭作业我只负责签字，错的、漏的她自己负责。一开始，鹿鹿还是犯老毛病，做完了事，我也故意让她的错误亮相，发现了也没指出来，让老师打低分。分数低了，鹿鹿的自尊心可受不住了，只得自己检查作业，查漏补缺。当然，鹿鹿作业中遇到难题，我也不是一概不理，更不是直接告诉她答案，而是要她自己先考虑，提出自己的想法，然后再和我讨论、分析。经过这一过程，女儿的脑筋活跃起来了，凡事都爱问为什么，可能会怎么样。原来在可忍受的范围内，在错误和挫折中更能培育孩子的成长。

有些家长在孩子很小的时候就开始培养孩子一个人睡觉了，我也曾经尝试过。可我发现睡觉前躺在床上的谈话是我们母女最好的感情交流，鹿鹿平日里蹦蹦跳跳展现的都是她快乐的一面，可她小小的心灵世界里也有不少的苦恼，如某某同学老是跟别人玩、不和她玩，她课堂举手老师没让她回答问题，等等。只有躺在被窝里，鹿鹿才向我倾诉她的心里话，露出她脆弱和敏感的另一面。我利用这个机会和她细细分析，一方面让她明白世上没有事事遂心所愿的，要她勇敢地面对和接受现实发生的事情，增强心理承受能力；另一方面鼓励她只要她心里想要什么，就要努力争取，不要等，不要靠，不要把它藏在心里，要用语言把它表达出来，用行动把它表现出来。

一年级第二学期开学没多久，鹿鹿跟我说班里选班干部的事情。她得了两票，一票是她自己举手投给自己的，虽然后来只当了小组长，有些许失落，可妈妈为她的勇气和胆量加油，她从妈妈这里得到了满当当的鼓励和赞扬，鹿鹿转而又意气风发起来，自喃自语："下次我还要当班干部。"学期末，鹿鹿实现了当少先队员的愿望。她在学生手册"本学期你最自豪的事情"这一栏里，端端正正地写上"终于拿到红领巾"。我也在协助她实现这个目标的过程中活学活用了目标管理。

这就是让孩子在自己目标的引导下管理自己人生的过程，也是家长指导孩子成功学习有效的方法，心理学家经常在咨询中帮孩子用目标管理自己，非常有效。鹿鹿的妈妈为了孩子的成长，为孩子和自己同时制定了目标，对于家长，非周末不安排外出，多安排时间与鹿鹿进行亲子沟通，收到了良好效果。借鉴鹿鹿妈妈的成功经验，我们给家长如下几条建议：

一、目标要得到孩子认可

有一类家长把自己的好恶、愿望或未实现的志向强加给孩子，忽略孩子内心的真正需要和兴趣，对孩子的梦想不以为然或者当作笑谈。比如孩子说将来的人生目标是"开一家网吧"，但被父亲斥为"没出息、不务正业"。孩子得不到父母的支持，又抗拒不了对网络的兴趣，所以偷着上网，屡禁不止。事实上，孩子若能有丰富的网络管理知识和经营能力，又有沟通和管理能力，能开一家有特色的网吧，自己照顾自己有什么不好？如果家长接受了孩子的人生目标，帮助孩子做了目标设计，孩子发现了现在的基础知识学习对将来开网吧的重要性，主动要求回学校学习，解决了父母的忧心之虑。所以孩子的目标应该由孩子自己设计的，父母要学习接受孩子的目标，并用行动帮助和激励孩子，如何制定和实现目标。

二、目标制定要科学

制定目标一定要科学，只有通过努力能够实现的目标才具有激励性。有的家长忽略了这一点，他们迫切希望子女成龙成凤，总是用"高目标"要求子女，甚至给子女定"死"目标。有关的问卷调查显示，在教育过程中给子女定学习目标的家长达 90.7% 以上，其中相当多家长都要求子女学习成绩要名列班上或年级前茅，个别家长非常固执地要求子女每次考试成绩必须排在班上前三位，结果是 81.1% 左右的学生完不成家长定的学习目标，他们当中 68.5% 的学生要挨家长的骂，11.4% 的学生要挨家长的打，只有 20.1% 的家长能够帮助子女分析成绩差或考不好的原因，能够从子女的学习方法上加以思考。由此可见，许多家长不能理智地看待子女的成绩好坏、名次升降等问题，在子女的教育方法上显得简单粗暴。

家长和孩子同时制定目标是要利用行为、榜样激励作用。"身教胜于言教"，父母要用自己对目标的追求影响孩子；用正面的教诲开导激励孩子；用满腔的爱心去关怀、体贴孩子。父母还要经常提供一些古今中外名人的事迹教育激励孩子，让孩子从中汲取营养，鼓励孩子向他们看齐。

建言献策

目标制定的过程需要家长与孩子在一个和谐愉快的沟通氛围中，也是家长不断接受孩子、引导孩子的过程，家长要用心地倾听孩子，帮助孩子找到自己生活的目标和方向，引导其走在他自己所要走的路上。

转移思路，适当躲开僵局

家长与孩子由于地位、经验的差别，在家庭生活中，不可避免会出现交流的僵局，或者是"顶牛"，一言不合，你不退，我不让，形成僵局，或者是"失语"。家长问，孩子就是不搭理，爱咋咋地。明明的"不知道""没什么"就让明明的妈妈非常痛苦。

　　明明今年 5 岁，上小学一年级。老师反映他在班上还是不错的，没有什么特别不足的方面。每次接他回家，我经常会问他在学校里吃了什么、玩了什么、学了什么，他常常用六个字回答我："没什么""不知道"。我常常追问他，一天在学校里没吃什么、没玩什么、没学什么吗？他常常被我这样追问就不理我。他越是这样不告诉我，我越是想知道。我真不知道他为什么就是不愿意与我们沟通。

　　这位母亲急于想了解孩子在学校的一天时间里生活、学习的内容，甚至是一些细节。的确，父母为孩子的不开口感到困惑，并为此头痛。这位母亲反映的问题非常真实，很有代表性。许多父母都是这样做的，去学校接孩子的时候，一见到孩子就迫不及待地了解孩子在一天时间里吃了什么、玩了什么、学了什么。遇到孩子说"没什么""不知道"的时候，父母就继续追问，甚至为了获得一些内容一直穷追不舍、软硬兼施，用各种方式的糖衣炮弹作为诱饵，利诱孩子，挤牙膏似地从孩子的嘴里硬挤出一些只言片语的内容和信息。遇到沟通的"僵局"，我们该从哪个方向着手解决呢？

一、营造自然放松的沟通氛围，避开僵局

　　沟通需要在自然放松的氛围中逐渐展开、深入发展。双方的心态越是自然放松，沟通越容易展开，并且越容易达到一定的深度。然而，这个自然放松的氛围完全是靠父母营造出来的，所谓境由心生。父母有自然放松的心态，通过一言一行、眼神表情自然而然地向孩子传递信号，所有这些信号综合起来就营造出自然放松的氛围，双方才愿意逐渐打开自己、深入沟通。正如目前茶社、咖啡厅是人们

社交、沟通的常去之处一样，就是因为那里营造出的自然放松的氛围，彼此陌生、不熟悉的人，在那种自然放松的氛围里，愿意逐渐放下戒备，深入交流。

从这位母亲的叙述中，我们可以想象，母亲迫不及待的心态经过她的一言一行、眼神表情充分地传递给孩子，恨不得孩子像竹筒倒豆一样，一股脑儿把幼儿园的事情全部倒给父母听。而孩子刚见到父母的心态是什么呢？部分孩子可能仍然沉浸在幼儿园的情景和内容之中，需要一个转换、过渡的时间和空间。大部分孩子见到父母时很高兴。然而，即使他们见到父母内心非常高兴，也未必每一个孩子都像竹筒倒豆一样打开话匣子，将幼儿园的一日情况统统倒给父母听。这时候，父母需要给孩子一些时间和空间，允许孩子有一个逐渐打开的过程。我们都知道，蚌壳打开、蜗牛伸出头来都需要耐心等待。同样，孩子的嘴巴也是需要父母耐心地等待。如果没有在自然放松的氛围里进行沟通，父母总是迫不及待地追问孩子，孩子是不会主动自愿地打开自己的。因此，越是这样，父母和孩子之间就越难以沟通。

二、求同存异，转移思路，躲开僵局

父母与孩子之间的沟通，无论孩子的年龄多大，都是一门非常讲究的艺术，包含着许多的方面和具体的技巧。父母与孩子的沟通过程中，双方既有共同的认识，又有可调和的分歧，在这种情况下形成的僵局，可以用求同存异的方法去解决，各自保留意见，按共同的认识去办事，打破目前的僵局。

晓丹今年 9 岁，上小学三年级。快到暑假了，对于暑假生活，晓丹和妈妈有了分歧。妈妈说："上午去学英语、练钢琴，下午到体操班训练，晚上做暑假作业。"晓丹不同意，晓丹说："平时上学就那么忙，学得那么辛苦，暑假我要好好玩玩，我已经和同学说好了，和他们一家去海南。"怎样过暑假？妈妈主张"以学为主"，晓丹主张"以玩为主"，谈话中僵局出现了。这个时候，妈妈很聪明地请爸爸来"定夺"，爸爸一看晓丹和妈妈，笑了，说："嗯，我们的晓丹和妈妈各自都有道理，暑假嘛，当然要让我们的晓丹开心，但是学习也不能落下，对不对？要不明年就很难追赶了。（晓丹点点头）这样，我们先听听老师的意见，我再问问晓丹的朋友都怎么过的好吗？我们综合一下意见一起做决定，你们说好吗？"

怎样过暑假？妈妈主张"以学为主"，晓丹主张"以玩为主"，谈话中僵局出现了。爸爸先肯定双方的出发点，都是为了让孩子开心的同时，不落下学习。爸爸随后建议各自保留不同意见，先听听老师和朋友怎么说。爸爸用求同存异的方法打破了谈话的僵局，避免了孩子逆反情绪的产生。

建言献策

当孩子因为与父母的沟通产生僵局，有时候会产生逆反情绪，激怒父母，如果父母能适当调整自己的情绪，平静地接受他的反抗情绪，平静地接受孩子的行为，孩子的逆反情绪就会缓解，从而转变态度，达到与父母沟通。用顺势方法化解孩子情绪，这是一种非常实用的心理学方法。爸爸妈妈可以在生活当中多应用。

爸爸妈妈忙，但真的很爱你

双上班族家长相对而言是蛮累的，一周至少有 5 天要在家庭、单位之间来回奔走，好不容易挨到休息日，还要面对堆积如山的家务，更要抽出时间拖着疲惫的身体去悉心教导子女。

其实作为父母，为了孩子能够健康成长，即便再苦再累，也是心甘情愿。对于爸爸妈妈们而言，孩子就是一切，一切为了孩子。孩子上幼儿园时，他们虽然会因"时间少，不能常伴"而感到愧疚，但至少有老师照顾，还可以心安几分。可一旦孩子升入小学，"教育问题"就成了父母最大的心结，他们并不怀疑老师的能力，可老师的精力毕竟是有限的。

"孩子回家以后由谁来照顾、谁来教育？能照顾好、教育好吗"——这无疑是上班族父母心头一块挥之不去的阴云。

那么，面对子女的教育问题，上班族父母究竟应该怎样做，才能解除自己的苦恼，最大限度地为孩子营造一个健康快乐的成长空间呢？在这里，我们为家长们提供几个方法：

一、与照顾孩子的人搞好关系

现代社会，由于工作的原因，很多父母并没有时间照顾孩子。教育孩子的责任，就不可避免地落入到第三方手中。这些人有可能是孩子的亲人，如奶奶、姥姥，也有可能是从外面请来的家政人员。在每位父母的内心深处，都希望自己的孩子受到最优秀的教育，但恰恰由于这种"爱之深"很容易与第三方出现教育理念的冲突。

有一位聪明的妈妈是这样做的：

　　由于我和丈夫工作都很忙，孩子上学之后，不得已将孩子交给公公婆婆带。公公婆婆对于孩子生活上的照顾，我一点都不担心，两位老人简直把全部精力都放在孩子身上。这一点不难理解，不是常常说"隔代亲"吗？

　　但是渐渐地问题也来了，我发现公公婆婆太宠爱孩子了，让小家伙养成了霸道不听话的坏毛病，看到好吃好玩的，只要不同意，就开始又哭又闹。作业也不认真写，经常缠着两老人教他，说是教他，其实就是让俩老人帮着做。

　　这样下去对孩子肯定非常不利，但是如果直接去跟老人说，难免会让老人伤心，老人如果不理解，到时候我将会夹在老人和孩子的围攻之下。老人抱怨我，孩子有可能还会觉得妈妈就是不如爷爷奶奶好。

　　一天，趁和婆婆一起买菜的机会，我故意忧心忡忡地对婆婆说，孩子在学校经常欺负别人，学习成绩又很差。不知道该咋办？婆婆一听就着急了。我看时机成熟了，对婆婆说："妈，孩子必须要管啊，太纵容就是害了她……"经过一番长谈，我渐渐发现老人也开始有变化了，甚至还买过几本教育孩子的书研究起来。

　　这位妈妈的做法很值得肯定。事实上，无论将孩子托付给谁，父母都不会放心，他们时而会担心对方对孩子照顾不周，时而又会担心孩子疏于管教，变得乖张任性。孩子对于父母来说，是无比珍贵的，爸爸妈妈不允许别人做出任何伤害孩子的举动。但是各位家长要注意，无论如何，我们都要将顾虑埋在心里，对于照顾孩子的人，要给予足够的尊重、真诚，或许对方的教育理念与你有所不同，或出现教育上的失败，都不要因此而与他们发生冲突。如果为此而发生冲突，往往最终受到伤害的是孩子，这是任何家长都不想看到的。

二、与其他父母结成同盟

平日工作忙，接触孩子的时间相对较少，无法准确掌握孩子的学校生活，这时我们又该怎么办？其实很简单，我们完全可以借助另一支力量——同龄孩子的父母，来获取子女的教育信息。也就是说，我们要与其他家长保持良好的"伙伴关系"，相互交流经验、相互交换信息，最好是能够结成一个"父母教育同盟"，用大家的爱去培养大家的孩子。

读到这里，也许有些家长会说："每天上班、下班、回家、做饭、辅导孩子做功课，时间排得满满的，哪有时间去接触其他家长呢？"那么，我们不妨看看这位家长是怎样建立"父母同盟"的：

由于上班很忙，我很难了解孩子在学校里的切实状况，但孩子刚刚进入小学，这个关键期，也不能放任不管吧。思来想去，我有了这样一个主意——请一会儿假，参加学校举办的一些活动，结交一下其他的妈妈。我之所以这样做主要有两个原因：第一，学校活动是与其他妈妈建立良好关系、取得紧密联系的绝佳机会，有了她们的帮助，我就能更好地掌握孩子的校园动向；第二，其他家长都去了，如果我们不去，孩子一定会以为我们不重视他，伤心之余很可能会对学习产生厌烦心理。

就这样，在参加几次校园活动以后，我便与妈妈们结成了"亲密伙伴"，平时，利用电话、QQ，我们经常聊一下孩子的教育问题，有时，她们还会提醒我一些孩子的动向、最近要注意的事情等，我发现，在她们的帮助下，自己在"教子"方面确实获得了很大收益。

事实上，大人们因为子女年龄相仿，所以在育儿、教子方面，很容易建立起共同语言。只要你肯用心去接触、去沟通，就不难与他们达成共识，进而与他们一起去呵护孩子的成长。

三、增进亲子交流，获取孩子理解

每一个孩子都需要爱，他们希望能够常在父母身边，与他们一起玩耍、一起聊天，因为只有通过这些接触，他们才能切实感受到父母对于自己的爱，但是现代社会，父母双方都有自己的事业、工作，有时候忙起来，陪孩子的时间就会很少。这时，就需要父母与孩子多沟通，多多去争取孩子的理解，让他们正确认识到"爸爸妈妈之所以要工作，并不是因为不爱他，而是为了使宝宝生活得更好"，以防止他们产生误解，进而导致性格、学习兴趣发生变化，对其发展造成不利影响。

在这方面，一位上班族妈妈的教子经验，就很值得我们借鉴。

我在一家造纸厂上班，平时工作很忙。节假日加班时，儿子总是哭闹着不让我去，责怪我不能像别人家的妈妈一样陪他去玩，可有什么办法？家庭开销这么大，只靠他爸爸一个人，根本支撑不起来，更别谈给孩子创造什么好的教育条件了。

每每看到孩子紧皱的眉头、委屈的小脸，我都会感到心痛万分。他太小，说教根本不能使他理解大人的苦衷。几经思考，我决定让孩子切身体会一下妈妈工作的辛苦。

于是，在征得领导同意的情况下，我在周末将儿子带到了工作车间。儿子睁着小眼睛一会儿看看这，一会儿看看那，脸上挂满了好奇，还不时地向我提出几个问题，我也一一给他做出了解答。可是走着走着，当儿子看到那些叔叔、阿姨在辛苦地灌浆、切纸，他脸上的笑容逐渐消失了。

回到家以后，儿子破天荒地要为我捶肩，并对我说："妈妈，原来你工作这么辛苦啊。"

我笑了笑，摸着他的小脑瓜说道："只要宝宝能够好好生活、好好学习，妈妈就是再辛苦也是值得的。"

宝宝似乎有些哽咽："妈妈，我以后再也不对你哭闹了……"

我的眼角似乎也有些湿润，因为我的宝宝终于懂事了……

其实，孩子的心理极易得到满足，事实上，我们除了和孩子沟通外，只要我们略微抽出一点时间来增进亲子交流，就可以让孩子感到幸福和满足。例如，午休时打个电话询问一下吃没吃饱，放学后打个电话问问有没有安全到家，晚饭后问问孩子今天都学了什么，和同学相处得如何，再用心帮孩子准备一下学习用品……他们就会感觉"爸爸妈妈是爱我的"，就会快快乐乐地投入到学习生活中去。

建言献策

中国的上班族父母有几亿之多，其中又以单亲上班族家长尤为苦恼，他们身上的担子太重了。面对来自社会各个方面对于单亲孩子的歧视，单亲上班族父母一定要坚强，我们可以与老师协调好关系，求助老师给予孩子一个与其他孩子"对等"的环境，让孩子感受到他与其他孩子没有任何区别。另外，在孩子结交小朋友时，刻意去了解一下对方的家庭环境，倘若对方的父母对单亲家庭有歧视，那么不要让他们接触太近，以免孩子幼小的心灵受到可怕的伤害。

不要因为忙于事务而忽视对孩子的关注

"朝九晚五"是现在上班族的标准时刻表。辛劳的父母们，每天奔波于单位、学校，在孩子和工作之间努力寻找着平衡。但即使再努力，也难免会顾此失彼。现代生活的节奏，已经让父母错过了很多与孩子相处的时光，如果父母完全被如此繁忙的工作驾驭，就容易忽视对孩子的关注，和孩子的交流和沟通也会越来越少。

有一天很晚了，一位妈妈下班回家，感觉很疲惫，到家时，看见儿子在门旁等她，"妈妈，我能不能问你一个问题？""当然可以。"妈妈回答。"你一小时可以赚多少钱？""你为什么问这个问题？"妈妈生气地说道。"我只想知道而已，你告诉我好不好？"

儿子哀求着。"假如你一定要知道的话，我一小时能赚20美元。""哦"儿子低头，接着说："妈妈，能借给我10美元吗？"妈妈生气了，"如果你是想借钱买玩具的话，就回到你的屋里仔细想想，你怎么会这么自私。我每天辛苦工作这么长时间，没有时间和你玩这种小孩子的游戏。"儿子很听话地回到自己的房间。

约一小时后，妈妈平静下来了，她觉得对儿子太凶了。她走到儿子的房间，"你睡了吗，孩子？"她问道。"妈妈，还没睡。"儿子回答。"我想过了，我刚刚不应该对你那么凶，这是你要的10美元。"

儿子笑了笑，坐起来说："妈妈，谢谢你。"然后从枕头下面拿出了一些弄旧的钞票。儿子慢慢地数着钱然后看着妈妈，说："妈妈，我现在已经有20美元了，我能买下你一小时的时间吗？明天晚上请你早点回家好不好，我想和你一块吃晚餐。"

从这个故事中，你是否看到了自己的影子？的确，就像故事中的妈妈一样，现在的父母们总是很忙，忙着不停地工作、加班……从来没有停下来，陪孩子一起，倾听孩子的心声。孩子虽然小，但是他们希望得到妈妈更多的爱和关注。当孩子发现妈妈好像并没有太多的注意力放在他们身上，心里的黯然失落是非常正常的。对于孩子来说，他们内心中最需要的是一种爱的感觉，他们希望有更多的时间和父母在一起，感受到更多的来自父母的关注和爱护，这种良好的感觉，是孩子在日后乐观、积极、自信的主要动力源。父母们该怎样才能让孩子更多地感受到关注和爱呢？

一、父母要充分意识到倾听孩子心声的重要性

孩子的心声您都理解吗？当您忙于事务的时候，当您喋喋不休的时候，当您对孩子有过高的要求而他们不反驳的时候，您可知道孩子们在想些什么？您知道孩子心底的真实想法吗？从现在开始聆听孩子的心声吧！网上的热帖"孩子27句心里话，最想你懂"我们总结了一下，27句话里面，孩子的希望包括：希望父母不要将自己与别人家的孩子作对比；希望父母不逼着自己学习；希望父母对自己温柔一些，不要打骂自己；希望爸爸妈妈不要吵架；希望爸爸妈妈说到做到；希望爸

爸妈妈给我们独立的空间，比如不用接送，不要强迫我们学没兴趣的东西，希望妈妈不要随便翻我们写的日记；希望爸爸妈妈不要催自己写作业，不要给我们成绩上的压力。虽然有时候孩子的心声并没有完全考虑到社会对人的要求，但是倾听孩子的心声是非常重要的，这是对孩子尊重的方式，如果一定要孩子遵守和做到的，要跟孩子解释，让孩子理解。

二、倾听孩子的心声需要掌握一定的技巧

孩子的心声并不是那么容易能听到的，有的孩子比较外向，什么都愿意跟父母说，但是有的孩子只会通过行动或者其他方式表现出来。父母们一定要注意观察，尤其是孩子做出反常的行为时。孩子的每一个"非正常"的表现背后一定有一个理由。他们或许是在宣泄身体创伤方面或精神方面的负面情绪，如果这个时候父母对孩子进行价值评价，会挫伤孩子的沟通热情，比如孩子告诉父母，"我不想上学了"。有的父母第一反应是："你怎么这么懒！"父母如果这样说的话，孩子会觉得自己被批评了，与父母之间的沟通就会大打折扣。在这个时候，父母应该坐下来耐心地倾听孩子的心声，这才是对孩子最大的支持和重视。对孩子来说，父母需要带有价值判断的倾听，才是使孩子想表达沟通、建立彼此信任关系的重要基础。这种状况下，可以问孩子："你的意思是，你最近对上学没什么兴趣了，是吗？"然后再问："为什么呢？你告诉我原因，好吗？"让孩子继续对你说他的心里话。如果父母可以这么说，孩子就会明白，如果他有什么困难的话，不管在什么时候，爸妈都会耐心地听他说，帮助他想办法。这样，孩子很自然就会把他的心事拿出来与父母一起分享。

建言献策

在倾听孩子心声时，可以掌握一下技巧：说话时注视孩子，与孩子保持目光接触，不要东张西望。"倾听"最好的时间段是，在你和孩子单独相处在一起的时候。这样，孩子更容易对你敞开心扉。要自然放松地保持微笑状态，随着孩子的谈话内容有相应的表情变化，在适当的时候恰如其分地点头。

调整错误行为，完善和谐亲子关系

千万别以许诺的方式欺骗孩子

"一诺千金"一直都是中华民族的一种传统美德。古人云：一言既出，驷马难追。在每个家庭里，父母对孩子一定要做到言而有信。一诺千金不仅是简简单单地说要兑现一个诺言，更重要的是孩子要有遵守诺言的意识，这是一种很重要的品质，甚至是无价之宝。然而，我们的现实生活中，却需要反思，因为许多父母并没有信守承诺的习惯。他们经常对孩子许下很多这样那样的诺言，却很少有兑现的时候。时间久了，孩子对父母的做法已经习惯，也就不会去遵守自己许过的诺言了。而且，在父母不能按照承诺实现自己许下的诺言时，孩子会对父母的口是心非感到很生气，也不会再相信父母说的话。时间越久，累积的怨气不仅会导致亲子之间的关系严重地受到影响，还会使孩子对父母的信任度降低。

"小明，好好学习，下次大考时如果你能进入年级的前 30 名，妈妈就休假带你到北京去看天安门。"

小明自从上初二后学习成绩一直下降，他妈妈非常着急，于是就向小明许下了这样的诺言。小明听了妈妈的话后异常兴奋，非常努力地学习，最终如愿以偿地取得了良好的成绩。当小明将考试成绩告知妈妈后，妈妈也非常高兴，但她对当初的承诺只字不提。两天后，小明终于忍不住要求妈妈实现诺言。妈妈下班刚到家，小明就急忙跑到妈妈身边："妈妈，咱们什么时候去北京呀？"妈妈说："我有事不能休假，去不了了！"小明一听立刻着急了，拉着妈妈的手说："为什么不休假了？为什么不能去了？我偏要去。"妈妈挥挥手说："小孩子问这么多干什么？不能去就是不能去，该干啥干啥去。"

小明不依不饶地大叫："不行，就得去！你早就答应我了，不能说话不算数。"小明这一嚷嚷，妈妈也生气了："你这孩子怎么这么不听话！我是妈妈，我说不去就不去，还用你批准？"小明大哭了起来："我都已经告诉我的同学我要去北京了，到时会给他们带好吃的，还给他们看照片。现在不去了，叫我怎么和同学说呀，人家一定会说我就会吹牛！"妈妈也对着小明嚷道："是妈妈的工作重要，还是你的同学重要，说了不去就是不去。"

小明还是不放弃，再三要求妈妈带他去北京，结果妈妈一生气，给了他一记耳光，还大骂他不懂事。小明万分伤心，从此再也不相信妈妈的话了，学习上也丧失了动力。后来还是小明的老师了解到具体情况，跟他的妈妈及时做了沟通，他的妈妈这才明白过来，后悔当初不负责任地向孩子轻易许诺。

想一想如果你是文中孩子的妈妈，你会怎么做？许多时候，你是不是为了达到目的，随口哄哄孩子，对孩子做出承诺，而后来也没有兑现？其实，妈妈的出发点并没有错，只是想给孩子的进步增加点刺激，让其有动力。但是妈妈却没有实现承诺，而且寻找理由，导致原本的正面刺激渐渐消失。那么，作为父母，我们应该怎样对孩子许诺，又该怎样在无法实践诺言的时候进行处理呢？我们给出了几条建议供家长们参考。

那么，为人父母，如何正确地向孩子许诺，才能在孩子的心目中树起言而有信的榜样呢？

专家们建议父母，许诺时要注意以下几个方面的问题：

一、不可胡乱许诺

父母的承诺要对孩子的健康成长有利，可以起到正确教育的作用。不能在孩子的面前夸下海口，胡乱许下诺言。许下了太多承诺，却又不能兑现，父母的地位就会在孩子心中大大降低。还要提醒父母的是，如果孩子提出一些不应该提出的要求，这时父母要有自己的原则和底线，即要把握一个"度"，要清楚地告诉孩子可以还是不可以。这样就会让孩子渐渐懂得在生活中还有"可以""不许""应该"等一些概念，是非分明，才能促进孩子心理健康发展。

二、积极应对诺言不能兑现的结果

如果父母因为工作等原因不能兑现许下的诺言，令孩子委屈或失望时，父母不要强迫孩子接受许诺不能兑现的结果，应该主动、诚恳地和孩子道歉，告诉孩子不能兑现的原因，让孩子理解以及原谅，并且在以后有适当的机会时，兑现自己没有实现的诺言。

即使孩子暂时无法谅解，也不能用呵斥、教训的方式对待孩子，应该允许孩子发牢骚、表示不满。有时，孩子只是因为已经把事情讲给同学朋友，怕没有面子而生气，只是一时的言行过激。美国儿童心理学家说过，"父母做错，或违背曾经许下的诺言时，如果可以对孩子说声对不起，可以培养孩子尊重人的习惯，还能帮助孩子建立自尊。"

三、应增加精神许诺的比重

许诺包括物质许诺和精神许诺。适当的物质许诺是可行的，但不能过度，否则会滋长孩子虚荣、自私等不良习性。可以多许诺一些有意义的活动，比如，买一些书籍，或者陪孩子一起去看画展、旅游等。这样既能调动孩子做事的积极性，又能丰富孩子的精神世界，开阔孩子的视野。

建言献策

父母对待孩子要有一定原则，言而有信，以诚相待。长期如此，孩子就会对父母产生责任感，也愿意把自己的心里话告诉父母。对孩子来说，父母不仅是一面镜子，也是孩子模仿的对象。只有说话算话的父母才能在孩子心中树立起威信，才能避免因孩子说谎而头疼的事情发生。

不要认为孩子什么都不懂，要允许孩子辩解

随着年龄的慢慢增长，孩子慢慢有了自己的主意。现在的孩子接受教育较早，看书看报多，接受知识多，他们的知识面比父母当年要宽得多。这直接的结果是判断是非的能力强了，要求独立的心理强了。辩解是他们表达自己判断的一种特定方式。自己丢面子，认为孩子懂

得的不多，还不懂事，用成人的价值标准去判断他们的言行，面对孩子的辩解，父母们充满了担忧，害怕孩子不听话，害怕孩子不尊重自己，不愿意让孩子表达自己的想法。有一个故事，父母们看了可能会有所体会。

有一次美国知名主持人林克莱特访问一名小朋友，问他说："你长大后想要当什么呀？"小朋友认真地回答："嗯，我要当飞机驾驶员！"林克莱特又问，如果有一天，飞机飞到太平洋上空，这时所有的引擎都熄火了，要怎么做？小朋友想了想说："我会先让飞机上的人绑好安全带，然后我挂上降落伞先跳出去。"

现场的观众笑得东倒西歪，甚至有些性急的观众开始谴责孩子的自私。而林克莱特继续注视着这孩子，没有想到的是，尽然看到孩子两行热泪夺眶而出，那种悲悯之情不是笔墨能形容出的，林克莱特觉得这孩子这么想一定有他自己的理由。于是他说："这么做是为什么呢？"小孩的回答是一个孩子最最真挚的想法："我是去拿燃料，然后我还要回来！我还要回来！"

通过这个故事，父母们可以反思一下自己，是不是常常半途打断孩子的讲话？是不是自以为是地对孩子的说法进行了自己的理解了呢？孩子有自己的想法，自己的世界观。用心倾听，允许孩子申辩、解释，让孩子追求独立性，强调自己判断是非的能力，这与孩子的成长息息相关。孩子对社会规则的了解深度可能不及成人，表达自己的判断，不可能像大人那样圆滑和委婉。所以，对于孩子的顶嘴，或是辩解，父母不要一概而论斥之为没礼貌。不尊敬长辈，要区分开对待。

一、父母要意识到，合理的辩解顶嘴是孩子成长的需要

其实，辩解是有理的，顶嘴也是无罪的，而且合理的争辩顶嘴有利于亲子沟通。心理学家认为："能够同父母进行争辩的孩子，在以后会比较自信，有创造力，也会更合群。"试想，如果一个孩子处处、事事都按父母的话去做，按照老师的话去做，而没有自己提问题的心理空间，这样的孩子能有创新意识吗？能有创新能力吗？所以说，应该允许争辩，不要介意孩子顶嘴，这看起来是管教态度，实际上是教育思想和理念的一种反映。孩子也需要讲道理的，你与他争辩，他会觉得你讲道理，会从心里更加尊重你、爱你、信赖你。这样，你要他做的事，他经过争辩想明白了，就会心悦诚服地去做。所以，孩子与父母争辩，不要怕丢了父母的面子，不要担心孩子不听话，不尊重你，与你为难。要鼓励孩子把真心话说出来，尽管会引起争执，但是也是有利于互相了解和沟通的。如果孩子不与父母争辩，而是把心里的想法隐藏起来，反而会造成两者之间的隔阂和沟通障碍。另外，如果一个孩子从来都不和别人争辩，总是与世无争的样子，那么，他的进取心、勇气、正义感就值得怀疑了。妈妈在教育孩子的时候，更要注重孩子是否在以自己的观点来和妈妈进行争辩讨论，这样有利于判断孩子的独立思考、辩论的能力。

二、尊重孩子要求独立的愿望，引导孩子为自己说理、为自己申辩

放手让孩子自己去干、去做、去想，妈妈尽可能为孩子提供活动机会，创造活动环境。不要一味地要求孩子按照别人的模式去做事，如果孩子有一个与众不同的设想，做了一件从来没有做过的事时，应

该给予支持，及时赞许。

固执地要求孩子按照自己的要求去做而不顾及孩子的感受，这样孩子会感到很委屈。发扬家庭民主，给孩子更多的发言权，首先要允许孩子申辩，鼓励孩子申辩。既然你批评孩子，就应允许孩子有申辩的权利。这样的好处是让孩子不管做什么，有理才可以站稳脚跟，很有利于孩子发展其个性。

建言献策

父母和孩子争辩，可以活跃家庭中的气氛，而且，在交流中，要表现出亲情和友情，争辩和拌嘴都是对对方重视的一种方式。

所以说，应该允许争辩，不要介意孩子顶嘴。

以宽容的态度对待孩子的自私

宽容，是一种理解人与体谅人的做法，意味着不计较。理解，但不能丧失原则。

姑息纵容，尤其是在教育孩子方面，将为孩子埋下温柔的陷阱，困住孩子的人生。此刻的"宽容"，成为孩子自私的源泉。

一位孩子的家长提到，孩子爱吃鸡腿，平时都是他吃。有一次家中来了客人，鸡腿给客人吃，孩子就不能理解，站起来说："今天的鸡腿为什么不是我的？"

一位母亲平时总是把削去皮的苹果给女儿吃，自己却吃苹果皮。一次当她尝了一口苹果时，3岁的女儿竟声色俱厉地吼道："你怎么吃苹果！吐出来！"孩子这么小，就如此对待妈妈，确实可怕。但问题的起源在于妈妈的权利丧失，甘愿为子女当马牛，直接导致家庭教育失败，导致了孩子自私、任性而且霸道的性格。由于许多父母没有认识到孩子吃独食的危害，觉得吃独食没什么大不了的，其实孩子吃独食的后果很严重。一项调查表明，当今的中小学生明显表现为自私和责任心差，他们以自我为中心，而对父母缺乏应有的关心。调查发现，有27.8％的中小学生不知道父母的爱好，有33.3％的中小学生不知道父母的生日。他们把父母为自己的付出看作是天经地义、理所当然的事情，进而体会不到父母养育他们的艰辛。父母"有了孩子，没了自己"，到头来换来的却是孩子心中"只有自己，没有父母"。抚养出这样的孩子，做父母的难道不痛心吗？然而这又是父母自身的过错造成的恶果。对待孩子的自私行为，一定不能宽容，不能放纵，而是要温和地与孩子讲道理，举例子，让孩子明白尊重他人的重要性。

一、父母要理智地去爱孩子

爱孩子是父母的天性。在这份爱中，不仅包含着宽容和理智，更要松紧有度，要为孩子在"可以"和"不可以"之间清楚地画一条界限，让他们的行为有章可循，学会忍受一些小事、烦心事，以及一些必要的痛苦。所以，对于孩子的自私行为，一定要及时给予制止，一定不能手软，更不能把宽容变成纵容。

当孩子出现自私自利的行为时，一定要及时教育孩子。在家里，家长要从小培养孩子和别人平等生活。例如，吃东西的时候，家长要有意识地人人分到，不能光让孩子一个人享用，要使孩子意识到，这些东西是大家的，不仅他可以吃，爷爷奶奶、爸爸妈妈都可以吃。大部分的时候可以让孩子自己来分，这样孩子才会不吃"独食"，养成分享的习惯，不容易滋生出自私自利的心理。在平时的活动中，当孩子和别的小朋友分享玩具或者食物的时候，父母应该及时给予表扬，进行反馈。长时间的坚持，在孩子心中，就会渐渐地产生关心别人的想法及行为。

二、家长要以身作则，做出榜样

家长要以一些好的思想品质和行为习惯去影响、熏陶孩子。

如果家长事事斤斤计较，贪小便宜，那孩子就会跟着学。所以日常生活中，作为父母一定要严于律己，给孩子一个好的榜样。有些家长看到孩子拿那种可能比较贵的玩具，马上会制止说不要带去，弄丢了弄坏了怎么办，孩子的自私与父母有意无意的引导有关。如果家长一开始就灌输不能拿最好的东西跟别人分享，20年之后孩子在情感上、在生活当中、在工作当中都不能拿最好的东西跟别人分享，他画了一个很大的圈子说这个都是我最好的，藏起来，都是我的，不能跟别人分享的。所以，家长可以说明道理，但是要把选择和决定权交给孩子。

建言献策

当孩子得不到想要的东西就打人、咬人的时候，父母一定要严肃批评，让他知道，打人咬人是不对的，已经对别人造成了伤害，必须亲自道歉；同时，让他明白，他应该学会接受这种不如意。除了批评和讲道理，一定的惩罚必不可少。当孩子顺手牵羊时，一定要立即带孩子归还物品，让他亲自道歉："对不起，你的东西被我拿回家玩了，现在还给你，请你原谅我。""物归原主"的过程，教会孩子勇敢地承认错误。

用正确的方法对待孩子的粗暴行为

《北京青年报》上曾登载了一则消息：一个 15 岁的少年因为环卫工人制止他乱扔纸屑，盛怒之下满口污言秽语不说，还对那位女清洁工拳打脚踢。此事在社会上引起了很大的反响，许多市民纷纷表示出了极大的愤慨。小小年纪就这样蛮横，确实叫人痛心疾首，但是，在我们的周围，这种粗暴、不讲文明的孩子却不在少数。

许多父母都抱怨说："我们家孩子动不动就欺负或者殴打其他的小孩。当自己觉得不顺心的时候，随便什么东西拿起来就乱砸乱扔。"

男孩子们在这方面情况尤其严重。为什么这么小的孩子会做出如此粗暴的行为呢？对于这一点，专家们的意见是，"这主要是由于人类天生就具有的攻击性倾向的本能所致"。也就是说，在我们人类自身长期的进化过程中，为了保护自己、使自己这个生物个体能够生存下去的本能，慢慢地转化为一种攻击性倾向，潜藏在我们每个人的身体之中。因此，我们不能绝对地说，攻击性本能一定是一种坏的、负面的东西，它是使我们人类克服困难，从而能够在这个世界上生存下去的一个重要力量。

那么，父母们是不是可以把孩子的这些行动统统视为人类所具有的一种自然的本能，就对他们放任不管了呢？实际上，如果孩子的这类行动没有超出一定的界限，达到比较危险的程度的话，即使你对他放任不管，随着孩子年龄的逐渐增大，他们的这种粗暴行为自然会有所好转。因此，父母对孩子类似的行动，可以适当地包容。但是，当你认为孩子的行为已经非常过分，达到了相当危险的程度的时候，最好还是对他们的行为加以控制。这并不是说，要强制性地去遏制孩子的这种与生俱来的本能，而是说，要教孩子，怎样按照我们这个社会的秩序和习惯去表达自己的意思和愿望。

父母这种持续不断的努力，我们一般称之为"家庭教育"。

如果对于孩子的攻击性行为，父母不是尽量地给予包容或妥协，却是对其一味地进行身体上的惩罚，或是进行严厉的训斥，那么孩子也会在不知不觉中以自己的父母为榜样，模仿父母的行为。在这样的父母身边长大的孩子，当他们和自己的弟弟妹妹们，或者是和他的朋友们意见不一致的时候，就会用父母对待自己的方法来对待别人。而且，这些孩子长大以后，他们用"以暴制暴"的方法来解决问题的可能性也非常大。

那么，孩子攻击性的行为在什么样的情况下可以被容忍，又要达到什么样的程度，父母才可以对其加以控制呢？对这个问题的解答没有固定不变的答案，随着每个家庭文化和生活环境的不同，答案也是各不相同的。不过，无论如何，在父母对孩子的控制和孩子对自己的"自律"之间，一定要维持某种程度的平衡。对待孩子，父母们一定要学会用适当的方法来解决他们身上表现出的攻击性倾向。

一、当孩子表现出攻击倾向时，冷静下来，并施以轻微"制裁"

当你的孩子开始表现出一定的攻击性倾向的时候，你首先应该冷静下来，认识到这是"该发生的事情终于发生了"，然后再沉着地加以应对，千万不能由着自己的情绪来。当孩子实施了某些攻击性行为的时候，你既可以沉着冷静地加以应对，也可以在适当的时候，对他们采取一些轻微的"制裁"措施。如果孩子们还是不听话，你可以适当地睁一只眼闭一只眼，不必过问，为双方都留下一些余地。尽管如此，你也必须连续不断地用你的话语和行动，明确地告诉你的孩子，他的所作所为是不正确的，爸爸妈妈并不认可。对大多数小女孩来说，对她们施加这种轻微的"制裁"已经足够了。可是，对于一些性情暴烈的小男孩，他们会继续表现出某些较强的攻击性倾向。在这种情况下，父母们一定不能就此退让或干脆完全放弃，而要同步地加强你应对措施的强度。

二、在家里设置"反省椅"

比如说，当孩子长到三四岁的时候，父母可以在房间的一角设置一把"反省椅"，在孩子的一些做法已经超过了一定程度或者非常暴烈的时候，父母就可以强迫性地让他坐在椅子上，至少让他们在上面待一到两分钟的时间，自我反省一会儿。不过，需要注意的是：这时你不能关上房门，让他一个人待在家里，也不能在房间变得非常幽暗的时候让他进行这种反省。因为如果你要这么做，就会使孩子感到过分的恐惧，根本就没有反省的时间和余地。

三、为孩子创造平和的环境

针对孩子行为容易受外界影响的特点，可以为他创造一个有足够大的空间、足够多的玩具、书籍和其他娱乐器具的活动场所，让他有充裕的玩耍时间，感受良好的气氛，减少攻击性行为。对于攻击性强的孩子应尽可能避免刀枪等明显有攻击性的玩具。体力运动是发泄孩子旺盛精力的一个好方法。体力上的对抗和竞争虽说是攻击性行为的表现，但它是在一定行为规范的框架下进行，特别强调规则性。家长可以经常带孩子参与一些这种对抗性的游戏，树立孩子的规则意识，还可以激发其拼搏精神。

同时，加强与孩子的亲子沟通，教会孩子不良情绪的发泄方式，对于孩子来说自控力较弱，烦恼、挫折、愤怒等情绪易于引起攻击性行为。适当地哭诉、发泄可以减轻他心中的不满，只要不以暴制暴、伤害他人就行。

建言献策

如果孩子经常出现攻击性行为，父母在具体行为矫正时应该通过设定具体的目标，让孩子分步达到要求。比如，孩子在游戏输掉以后要赖、打人，家长先引导他做到不打人，心情不好可以用其他方式转移；然后让他学习遵守游戏规则，友善对待同伴，每做到一步给他一步的奖励，发个小贴画或盖个小印章，积累到一定时候可以换奖品等。另外，在父母指导下的涂鸦活动也有助于孩子控制自己的情绪。

重视对孩子的"苦难教育"

美国儿童心理学家说过："有着非常幸福童年的人不一定都有幸福的成年。"大多数遭遇过苦难的孩子在成年以后，就不会因为不能应付复杂多变的社会激烈的竞争而备感痛苦。孩子迟早都要去面对激烈的社会竞争，面对自己的人生。可是许多父母却不愿意让孩子出去，怕孩子经验不够，又怕他们被骗，什么都不让孩子自己去做。这样做只会使孩子的心理承受能力越来越弱，经不起一点挫折。

现在很多家庭都只有一个孩子，所以父母们就把孩子当作掌上明珠，不肯让孩子吃一点苦。他们千方百计为孩子打点一切，使孩子成长在非常安逸的环境下，孩子在成长中很少或根本就没遇到过挫折，表面上一帆风顺，其实非常危险。孩子没有机会经历挫折，严重缺乏抗挫的能力和经验，一旦遭遇困境就会引发种种问题。

6岁的豆豆活泼可爱，由于她的妈妈是她所在幼儿园的教师，所以她在上幼儿园期间一直被老师"特殊照顾"，没有经历一点点挫折。可是当她结束幼儿园的生活进入学前班以后，因为没有了以往的"特殊照顾"，她便产生了一种失落感。

生活中，还经常出现这样的现象：如果孩子第一次系鞋带的时候打了个死结，妈妈们便不会再给孩子买有鞋带的鞋子；如果孩子第一次洗碗的时候弄湿了衣服，妈妈们就不再让孩子走近洗碗池。这样的孩子只能永远都不会系鞋带，也永远不会洗碗。而且长大以后遇到困难几乎都想办法绕开，因为他们根本就不知道克服困难的方法。

现在的孩子大多是独生子女，爸爸妈妈生怕委屈了孩子，在很多事情上都小心翼翼。孩子能做的事不让做，孩子能参加的活动不让参加，长此以往，孩子好奇、好玩、敢于冒险的天性慢慢被泯灭，养成了胆小和懦弱的个性。并且，孩子本来应该树立起的坚强意志也会因为父母的纵容而被磨灭。

比如，孩子摔倒了，妈妈立刻抱起来，然后埋怨天埋怨地；孩子在学校里摔破了皮，爸爸会不惜代价地去学校"讨个说法"……父母把孩子娇惯得不知什么叫苦，什么叫累，什么叫做挫折，斗志渐渐消磨，稍微遇到一点点挫折就无所适从，甚至意志消沉。

心理学研究表明，有两种人能经受得住考验：一种是在逆境中成长起来的人；另一种虽没有逆境可言，但从小受过良好的教育，心胸开阔，有坚强的个性。现在的孩子由于生活条件的改善，大多没有逆境。要想让这些孩子成材，让他们学会正确地应对挫折，更成了挫折教育的重点。父母们必须适当地对孩子进行"逆境教育"，有意地创设一些困难与挫折的情境，或提出一些严格的要求，使孩子得到情感、意志与适应性的训练。可以试着把这种"苦难教育"深入到孩子的游戏中进行，并作为妈妈对孩子教育的一大指导思想与内容。

一、学会用"劣性刺激"来磨砺孩子

有的父母抱怨孩子胆小娇气，有的父母抱怨孩子耐挫能力差，平时说两句就哭鼻子，更不用提批评了，还有的孩子动不动就跟父母怄气，全然不在乎父母对他的爱。这不是孩子的错，因为自从生下来，他就没有权利选择父母对自己的教育方式，他们对饥饿、寒冷、委屈、挫折很少有机会体验，这时又怎能苛求他对这些有巨大的承受能力？老虎没有在深山野林生活，就没有狂风暴雨的洗礼和林海雪原的磨炼，取而代之的是自幼得来的无微不至的关怀照顾，无形中，老虎就没了锐气，软了筋骨。我们的孩子也是一样。所以，父母在对待孩子成长时，必须改变原有的意识和方式，必须给孩子一些"劣性刺激"，让孩子在令人不快或不舒服的外界刺激下得到适当的磨炼，以提高对各种环境的适应能力。相比较温室教育，这才是孩子成长必需的良药。有四种常用的"劣性刺激"：

（一）饿饿他。很多孩子偏食、挑食、食欲差，这其实是因为父母的溺爱让孩子从来不缺好吃的，他想吃啥就有啥，自然就感受不到饥饿的滋味，吃饭时也就没胃口。俗话说："欲求小儿安，应忍三分饥与寒。"只有知道饿的滋味，才会知道"饥不择食"。所以，适当地让孩子饥饿，是改变孩子不良饮食习惯的一种好方法。

（二）累累他。孩子懒惰，没有责任心，父母再辛苦他也无动于衷，要想让"白眼狼"有变化，父母就要对"饭来张口，衣来伸手"喊停，而且不要再上学车接车送。过度的呵护会让孩子认为父母就是自己的双手和双脚，辛苦也是理所当然。父母不妨鼓励和督促孩子干一定的家务劳动和参加各种有益活动，自己的事自己做，父母不要什么都包办。

（三）难难他。很多孩子意志薄弱，因为父母总是为他安排好了一切，这样就会导致一个结果：孩子有啥事都去找父母，一旦离开父母，他们就会变得"不堪一击"。父母这时应该有意识地为他设置一些必须经过努力才能克服的困难和挫折，给他以克服困难和战胜挫折的勇气和方法。

（四）批评批评他。孩子人虽小，脾气却挺大，这也怪不得他们，如果谁一生下来就听着"甜言蜜语"，谁都容易养成以自我为中心的不良性格。这就需要对孩子进行适度的批评。对那些学习拔尖、容易骄傲的孩子，在表扬和鼓励的同时更应不失时机地指出存在的不足和努力的方向，让他们体会到失败和受批评的滋味，化阻力为动力。良药苦口利于病，父母们可以适当地给孩子一些"劣性刺激"。

二、鼓励和支持孩子克服困难

当孩子处于挫折中时，不仅要鼓励他，使他拥有战胜挫折的力量与勇气，而且要告诉他：当自己力不能及的时候，最好积极调动别人帮助自己。要么是寻求父母的帮助，要么找其他朋友，甚至是找陌生人。在这个过程中，孩子不仅战胜了挫折，而且他会懂得如何与他人交流，懂得如何体谅与关怀别人，如何增强团队凝聚力。所以，作为父母，既不可对孩子过分溺爱，更不能对孩子放手不管，唯有善于引导，及时指导以及在必要时的帮助和鼓励，才能促使孩子鼓起勇气，正视面前的困难，从而勇敢地去克服它。理智的爱，可以使孩子紧张的情绪得以松弛，可以使孩子增强与困难拼搏的勇气；父母的关心和同情，可以在一定程度上帮助孩子渡过难关。孩子需要的是在慈爱而不是溺爱，严格而不是严厉，诱导而不是包办的环境中生活，会得到莫大的安慰和力量，激发起正视困难的勇气。反之，如果没有父母的鼓励、引导和帮助，孩子遇到困难后，感到孤立无援，往往会表现出沮丧、恐惧、萎靡不振，并想躲避困难。有些孩子遇到逆境时会产生消极的想法，经常垂头丧气，而且采用一些逃避的方式。想要把这种现象改变，就要在孩子遇到困难时，告诉孩子要采取正确的态度，勇敢地去面对困难。

例如，当孩子害怕游泳时，妈妈就应该鼓励孩子说："别怕，你准行！"在孩子一次次克服困难以后，他们的勇气就会增加，有了战胜困难的勇气，心理的恐惧感就会渐渐消失。

自信就会自强，这时孩子会对自己说："我行。""我可以。"

三、引导孩子用乐观心态应对挫折

在家庭教育中，父母要让孩子知道，他们面临的是一个充满竞争的社会，"物竞天择，适者生存""优胜劣汰"是普遍现象，只有经历磨难的勇者，才能在未来的竞争中取胜。父母必须明白，要想让孩子在竞争中立于不败之地，就得对孩子进行挫折教育，让他们自小接受艰难困苦的磨炼，教会他们如何面对挫折，培养他们坚忍不拔的意志和毅力。在逆境中经过千锤百炼的孩子才能更具生存竞争力。生活并非都是一帆风顺的，在我们的生命中总会遇到这样或那样的困难和问题。父母们应该让孩子明白，在逆境中开放的花更美，就像冰山上的雪莲那样的纯洁、美丽！父母们要让孩子相信：挫折和困难是上帝给予他们的试金石，它淘汰懦弱和无能者。坚强者更懂得人生，懂得如何完善自己，从而获得更多的经验和教训。

逆境能让孩子获得更好的成长机会。顺境可以出人才，但是逆境、挫折更容易磨砺意志。在逆境中经过挫折千锤百炼成长起来的人更具生存力和竞争力。因为，从逆境中打爬过的人不仅有失败的教训，也有成功的经验，所以更加成熟。他们能把挫折看成一种财富，深谙只有失败才可能成功，成功是建立在失败基础上的，因此更具有笑对挫折、迎难而上的风范。

苦难是人生必须经历的一门课，也是人生最大的一笔财富。它能磨炼人的意志，让人和善，让人坚强，让人奋斗。经历过苦难洗礼的孩子，才会懂得珍惜生命，珍爱生活，因为苦难改变了他们对生活的认知，也懂得了生命的价值。因此，要想让孩子将来有一个辉煌的人生，就必须让他们从小经受苦难的洗礼。父母应该试着给孩子苦难，才能让他真正强大。要让孩子小时候就适当地知道一点忧愁，经历一点磨难。对孩子来说，经历一点磨难并不是什么坏事，相反，这是从孩子的长远利益考虑，同时，这也可以培养孩子的承受能力和意志力，可以更好地让孩子健康成长。

建言献策

　　俗话说："穷人的孩子早当家。"适当地让孩子了解家里的情况，让他知道你做的是什么样的工作，从而理解大人的持家不易。有必要的话，做父母的还可以带自己的孩子去看看自己的工作环境与工作情况，让孩子亲眼目睹你工作的辛苦与劳累，告诉孩子这样做一天可以赚多少钱，让孩子更懂得珍惜所拥有的一切，这就是一次活生生的苦难教育。

孩子本有的乐观不能当肤浅

　　乐观像一股永远都不会枯竭的清泉，又像一首没有歌词却永远不会停止的欢歌，可以使我们的灵魂宁静，可以使我们的精力恢复，也可以使我们的美德更加芬芳。孩子如果以乐观的心态面对生活，那这种愉悦的心情会使他的灵魂以及精神都得到滋润，虽然会有烦恼和不安影响着这种美好的心情，磨难和挫折也会消耗它，但是这如清泉般的心情却永远存在，不会枯竭。让孩子保持乐观的心态，一定要微笑着面对生活，这是必要的。

　　但父母们因为自己经常遇到生活的艰难，便对着孩子"不知天高地厚"的乐观嗤之以鼻，觉得孩子肤浅。

　　一些家长自己心情沮丧，当孩子表现出天真烂漫、心情愉快的样子时，他们往往很难受到感染，也因此常常错把孩子本有的乐观当肤浅，把自信与活泼看成鲁莽，加以指责，使孩子养成悲观的态度。因此，与孩子相处时，父母必须要注意这一点，保持乐观的心态，以积极的态度对待孩子。乐观的孩子，总是对自己遇到的人或者事有着积极的解释和向往，也更容易和周围的人友好地相处，得到他人的喜欢和帮助。父母应该怎样才能让自己的小宝贝充满着乐观和开心呢？我们来给您支几招吧。

一、父母要以身作则，做乐观的人

想要孩子乐观，父母首先应该是一个乐观的人。因为儿女在父母的身边时间长，受父母的关爱最多，会产生一种依赖认同的反应，所以会把父母的行为特质在不知不觉中吸收内化。如果父母总是让孩子看到乐观的笑容，孩子就会阳光灿烂；如果父母经常唉声叹气、愁容满面的失落，孩子遇事也会经常从消极的观点评论事物，他的举止中也会表现出忧心忡忡以及多愁善感的样子。

父母乐观与否，对孩子乐观的形成会产生很大的作用。为了让孩子能拥有一个健康快乐的心态，拥有心情愉快、朝气蓬勃、充满自信的童年，请父母们常常对孩子微笑，教会他们乐观地笑对生活。

欢欢的家里经济条件不好，但是欢欢却像她的名字一样，常常笑，家里充满着欢声笑语。爸爸喜欢运动，喜欢带她去爬山，妈妈喜欢刺绣和针织，常常给欢欢做好看的衣服和手帕，虽然都不值什么钱，但是欢欢总是很开心。欢欢常常对爸爸妈妈说，回到家总是很开心，她也把学校里的开心事说给爸爸妈妈听。开心是一家人相互分享的礼物。问欢欢有没有遇到烦心的事情，欢欢说："当然有，但是爸爸妈妈都能微笑着面对，我也一定能！"

二、让孩子在玩耍中学习到乐观

玩耍是孩子的天性，在玩耍中培养孩子的乐观个性，是一件充满乐趣和挑战的事情。通过玩耍中细小的点滴，让孩子感受到父母的乐观态度，通过玩耍中遇到的问题，对周围环境的控制，发现自己的能力，培养自己的能力，使孩子产生足够的信心，在他们遭遇困难时，才会主动积极地想办法面对困难，成长为乐观开朗的人。

让儿童自由玩耍，不仅会促进孩子对一切新事物的热情，同时也会让孩子产生满足感和愉悦感。喜悦能让孩子性格乐观，而使孩子获取喜悦的最重要的途径就是玩耍。作为父母，我们一定要经常鼓励孩子保持着积极乐观的心态，使孩子可以在快乐中玩耍，在玩耍的过程中快乐地成长。

童童是一个乐观的孩子，他的乐观是在玩耍当中建立起来的。童童的家里有一把三条腿长一条腿短的木椅，坐上去摇摇晃晃，童童喜欢在上面玩，他说这椅子真好，像坐跷跷板。童童还喜欢走起伏不平的小路，他说："这路真好，走起来像滑滑梯。"童童也喜欢看彩灯，街边上有五颜六色的彩灯，他会看得非常入迷。

爸爸妈妈也一直让孩子这样玩，有时候也抽时间和他一起玩。正是因为有了玩耍的喜悦，童童才有了面对困难的勇气。有一次，童童突发高烧，需要打针，看别的小朋友都哇哇大哭，童童却安安静静地坐在那儿，主动配合护士打针。妈妈问他怎么能这么镇定，童童说："我病了，需要打针！我打针了，虽然疼一些，可是我很快就会好起来，这样就可以开开心心地玩儿了。"

建言献策

　　玩耍给了孩子面对困难的勇气，因此父母们可以通过鼓励或创造条件给孩子玩耍，这不仅能让孩子开心，也能让孩子学习到很多在课堂上、在学校里学不到的东西。

小行动帮孩子安然度过叛逆期

灵活处理孩子的早恋行为

早恋是在青春期成长过程中性发育成熟的时期。由于少男少女们的性发育开始走向成熟，本能地会产生一种相互爱慕的情感。有的会表现出单相思，有的大胆地突破羞涩的约束，传字条，还会互相倾吐爱慕之情，以互相帮助为理由，形影不离，有少数的孩子还会发生性接触。早恋一直都是让父母头痛的问题，但是异性相吸这种自然界的普遍现象却是不可避免的，尤其是处于青春期的孩子，跟随着性意识的觉醒，朦胧中会对异性产生爱慕与渴望，这是一件很自然的事情。

无论在老师还是在父母心中，楠楠都是一个聪明、文静、听话的女孩。从小学三年级开始，楠楠就开始担任班长，一直到初中。班主任夸她写作很有天赋，她的每篇作文都会在班上被老师当作范文朗读。

不仅如此，楠楠的其他各门功课的成绩也很优秀，还很乐于助人。班主任经常夸她是老师不可多得的好帮手。但是，自从班上转来一个帅气阳光的男孩后，楠楠似乎发生了一些微妙的变化。楠楠变得爱打扮了。以前一直梳着马尾辫的她现在经常变换自己的发型，一向穿着朴素的她现在每天都要换一套衣服。而且，任课老师也反映，最近一段时间，楠楠上课总是走神，经常一个人发呆，最严重的是楠楠的学习成绩出现了明显的下滑。让人感到奇怪的是，楠楠以前很讨厌上体育课，也不喜欢运动，经常找各种各样的借口逃避体育课。但是最近一段时间，每次体育课，楠楠都很认真，并且经常去操场做运动。班主任对此感到很纳闷，一面找楠楠谈话，一面把情况反映给了楠楠的父母。楠楠的父母最近也发现她有些反常，经老师这么一说，更觉得吃惊。经过一番观察，父母得出了一个结论：楠楠早恋了。于是父母对楠楠进行了一次严厉的"审问"，并且毫不留情地翻看了楠楠的书包、书柜、书桌等，终于在一个抽屉里发现了"罪证"——一本厚厚的日记。在日记里，楠楠用细腻的笔触描述了她对新转来的那个男孩子的爱慕之情以及她现在面临的烦恼。楠楠的父母在看完这篇类似"情书"的日记之后，大惊失色，又气又恨："你小小的年纪，怎么写出这种东西！我们都替你感到害臊！"一向温顺听话的楠楠这次一反常态，涨红了脸申辩道："我做错了什么？我就是喜欢他！他是我心中的偶像！"说完，跑进了自己的房间。

所有的父母都是从青春期走过来的，想想我们的青春时代，就该知道这种情愫的萌发是再正常不过了。所以，父母要在孩子感情发育的时候，灵活处理早恋问题，给予孩子更多的理解。

一、充实孩子的生活，帮助孩子寻找生活的意义

确实，早恋是现在令父母们头痛的一个问题，不管不问吧，觉得会把孩子的学业耽误了。问吧，又怕把孩子逼急了，孩子离家出走、

自杀，造成不好的后果。很多父母就是想阻止孩子早恋，却用错误的方法推了孩子一把，使孩子不由自主地掉入漩涡中。有些父母会小题大做，把孩子的一些正常交往，如聊天、结伴游玩等误以为是早恋，加以指责；有些父母用自己成年人的观念，把本来正常的行为恶化了，制造了孩子的罪恶感。

他们本想阻止孩子早恋，但殊不知很可能把孩子推向了早恋的深渊。因此，对待孩子与异性接触过密，父母们千万不要认为很可怕，不要破坏孩子内心的纯洁。父母都应该相信自己的孩子，一般情况，男女同学接触属于正常，害怕接触才是非正常的。如果发现孩子与一异性接触过密，应该巧妙地加以引导，让孩子明白，异性之间的交往不要集中于一个人，否则会失去与许多朋友接触的机会。孩子的早恋经常是因为生活太单调，没有目标，所以，充实孩子的生活，并且帮其寻找生活的意义，可以转移孩子的注意力。

此外，父母应该多和孩子沟通、交流，组织一些家庭集体活动，增进父母与孩子之间的感情，以便能及时了解孩子的心理和情绪变化，从而及时地教育。这样做既可以增加家庭对孩子的吸引力和父母在孩子心目中的地位，又可以避免孩子过于依赖外界的关怀与理解。有位妈妈的做法就十分高明：

一次，这位妈妈偶然发现女儿早恋，她不仅没有斥责女儿，反而比过去更加关心女儿。知道女儿喜欢语文，就鼓励她参加了年级的朗诵组。还有，启发女儿写日记，她的写作水平得到迅速的提高。于是，女儿的习作经常会在班级的墙报上出现。女儿的关注点从一对一转向了集体，常为班级做好事。

在一次班干部选拔中，女儿还被同学们推荐当了生活委员。期末考试时，女儿的成绩比以往有了很大的进步，进入了年级前 5 名，还被评为三好学生。现在，基本上学习、集体活动已经成为女儿的重要活动，当时对异性的爱慕之心也渐渐淡化、平息。

二、和早恋孩子讨论一下什么是爱情

有些父母从来不和孩子谈论"爱情"这个话题，好像爱情是细菌、病毒一样，捅破了这层纸，就会感染到孩子，使其失去抵抗力。

可是，父母越是遮着藏着，孩子越是容易出问题。这也是父母忽视对孩子进行"恋前"教育的结果。但是，和孩子谈"爱情"这个话题时，父母多少都会面临到尴尬，主要原因大多是"不习惯"。一位妈妈面对早恋的宝贝女儿，突破了"不习惯"的局限，语重心长地告诉孩子妈妈眼中的爱情：

女儿，听别人说你谈对象了，呵呵，其实这并没有什么不正常，但我需要提醒你的是，现在还不合时宜。因为你现在正在人生关键的时期，正需要把全部精力都投入到学习中，所以，不妨过了这一关再说。

每个人都要经历不同的人生阶段，由于学习和工作环境的变化以及自身素质的提高，对异性的认知和审美同样会发生变化。所以，如果现在过分地投入就会有很大的盲目性，不过，我不能否定初恋的纯真与圣洁，关键是它现在影响到了你的学习，就必须要注意这个问题了。

我们再说说择偶标准吧，先说我们的态度，我和你父亲一样会尊重你的选择，但是我们会给你提出一些建议来供你参考。可能你会被男孩英俊的外表所吸引从而忽略了内在的修养，这是比较危险的，因为英俊只会是暂时的，外在的，时间一久你的审美也会疲劳的。当两个人真正走在一起的时候便会更在意对方的脾性是否会合乎自己的意愿，而脾性的层次则是由修养的程度所决定的。

随着人生境界的转换，每个层次你都可能会发现且结识一些更好的异性，到这时，你的初恋由于时间和空间的转换可能成为你感情的牵绊。所以，作为母亲，我建议你可以先把或许存在的爱情淡化成友情珍藏起来，等以后你学业有成，工作稳定的时候，特别是你的情感世界成熟时再来审视这份感情，如果还是难舍就再续前缘，如果是过眼云烟，那就让它随风散去吧……

困惑、羞涩的女儿，听到这些脸上露出了真诚的微笑，似乎明白了很多……

这位妈妈诚恳的话语点拨了处于爱情幻想中的女孩，让她对人生与爱情有了重新的认识。这位妈妈的做法很值得借鉴，妈妈们应该像她一样，多和孩子沟通、交流，了解孩子的心理和情绪，及时帮助孩子找到解决问题的方法。适当的时候，和孩子讨论一下什么是爱情，以帮助他形成正确的爱情观。

建言献策

早恋是防不胜防的，父母不可能24小时都能控制住孩子，而且有的孩子因为厌恶妈妈的控制，会故意反叛地早恋起来。所以，对待孩子与异性同学的接触，妈妈应该给予引导而不是盲目禁止。

青春期萌动重在疏导

孩子的成长过程中，都会经历一个青春萌动期，这一时期的孩子身体经历巨大的变化，出现第二性征，身体会出现不适症状。性意识的萌发，会让孩子同时产生疑惑、烦恼、惶恐、害羞等一系列的心理反应，初步觉醒的自我意识又会支配他们强烈的表现欲，即处处想体现自己，想通过展示自己和别人不同来证明自己的价值。所以，这个时期的孩子们都喜欢和别人不同，喜欢做一些引人注目、和别人不一样的事情，也爱说一些令人吃惊的话，希望别人可以另眼看待他们，这就是他们想要的结果。

因为孩子缺乏社会经验，对于自己的生理和心理变化，他们又不能正确地去看待，所以这一时期的孩子特别需要父母的指导。首先我们来看看孩子青春期的苦恼到底如何表现的：

张老师正在讲台上滔滔不绝地向同学们讲述"八国联军"侵华的史实，却发现林扬有点心不在焉，完全没有在听讲。课后，张老师将林扬在课堂上的表现告诉了班主任秦老师。秦老师也发现了，最近两个星期，林扬上课经常走神，脸色也不是很好，还经常称不舒服请假。好几次秦老师关心地问他是不是生病了，要不要去看医生，林扬每次都红着脸连连摇头。秦老师觉得很奇怪，以前他可不是这样的。最近是怎么了？秦老师决定找林扬的父母谈谈。

林扬的父母把林扬在家的一些反常和秦老师说了一遍：经常紧锁房门不让父母进去，还自己把床单和被套洗了，这在以前可是从来不会的。细心的秦老师大概明白了，又问："你们发现林扬有过遗精现象吗？"

他们愣了一下，不好意思地说："上个月在给他叠被子时，看见床单上有块污渍，告诉了他爸，他爸还笑他早熟呢。"

"那当时林扬是什么样子？"秦老师问。"他当时很不好意思，一句话也没说。现在的孩子，才12岁，就……"妈妈觉得有点不能理解。"那他锁门、洗被子就是那次遗精以后的事情吗？"

在秦老师的追问下，林扬的母亲才意识到儿子最近一段时间表现异常的原因了。

"那你们有没有给他讲过这方面的知识？"秦老师问。

"这还要讲啊？以后慢慢地不就知道了。再说，这些事怎么对孩子讲啊？"母亲愣住了。

其实，父母不知道，这段时间，林扬一直在深深的自责中，他感到自己的行为很愧疚，有一种罪恶感，他甚至觉得自己很下流……

生活中，可能很多青春期的男孩都有过林扬的这种困惑和烦恼，包括一些青春期的女孩，她们也有自己的苦恼和困惑。

青春期是儿童发育到成人的过渡阶段，是人体成长发育的最后阶段。伴随着青春期的到来，孩子们的身体快速发育成长，他们会产生一连串的疑惑、烦恼、惶恐，甚至伴随着严重的焦虑，这些甚至影响了他们的日常学习和生活。而青春期的烦恼与焦虑正是由于缺乏适时、适当的性教育引起的。

一、给孩子上性教育课，让孩子正视身体发生的变化

青春期的孩子是特殊的，他们需要父母的特殊对待。孩子们的身体快速发育成长，但他们的经验浅，很容易感到惶恐和不安，又不好意思告诉父母需要父母以过来人的身份去给他们指导和开解。据调查，

很多家庭中父母从来不对孩子进行性教育。当被好奇的孩子发问时，妈妈不是躲躲闪闪，引开话题，就是自作聪明地欺骗孩子。对孩子的成长发育、身体变化进行因势利导的性教育，这原本是十分自然的事情，但在很多家庭却被忽视了。

林扬第一次遗精后，爸爸竟然笑话他早熟，这使得他产生了强烈的耻辱感，似乎性的发育是他的罪过。试想，如果林扬的父亲不是如例子中的那样，而是拍着儿子的肩膀说："儿子，爸爸恭喜你，你已经是个男子汉了。"同时，再给他讲一些有关的知识，那么林扬的心态就一定不是罪恶感、挫折感，而可能会是骄傲感和成就感，更不会产生一系列的烦恼、困惑和焦虑了。其实，不仅仅是青春期孩子需要性教育，性教育应该开始于儿童和少年时期，妈妈应积极参与性教育，使孩子从小就得到正确的性教育。

心理学家认为，要根据孩子的年龄对孩子进行不同内容的性教育。5岁前的孩子，性教育主要是解决性别认同问题。6~10岁的孩子，这期间父母要对孩子进行较系统的性知识教育。此时，可借助自然现象、童话、寓言故事，采用比喻的手法把性教育内容穿插其中。11~15岁的孩子，这期间父母应主动关心询问孩子的性困惑。

有一位男孩睡觉时遗精，他认为是生病了，非常担心，又不好意思告诉妈妈，便自己在书摊买来不健康的书籍想从中找到答案。一日，妈妈整理他的房间时，发现孩子在看一些不健康的书籍，妈妈这才意识到该告诉孩子一些正确的性知识了，但是妈妈不好意思向他讲性知识。最后，这位妈妈买来有关青春期性知识的书籍放在孩子的桌上，并通过书信的方式与孩子交流。

需要强调的是，对孩子的性教育，要及早开始，要有系统、循序渐进地进行。另外，性教育的重点，并不只是传授与性有关的知识，更要培养对性的正确认识和健康的性心理，包括可以正视自己身体的变化，大方、坦然地讨论与学习，要及早让孩子明白，性并不神秘，更不污秽。

二、"性教育"问题上，男女有别

怎样进行性教育？这是目前很多父母和老师都在讨论的问题。在我国，怎么和孩子说"性"还是一个大疑惑。性教育方面出现的问题，在男孩和女孩的身上表现是不一样的。一般来说，女孩的问题，主要是自我保护。有的女孩比较开放，也从来没有注意过性别差异的问题，可能有的早熟的男生对她有意思，她却没有防备，这时候就需要妈妈站出来引导她。对于年龄较小的女孩，有的妈妈交代的是"凡是衣服遮住的地方，都不能给别人看，更不能让别人碰"，这样孩子就有一个执行标准。年龄较大的女孩子，这时候要和她交流孕育生命、十月怀胎的辛苦和不易，更要让她知道，性关系对女性的影响，需要承担的东西，所以女孩子要保护好自己。对女孩的建议，光说"你是个女孩子"这样一句没有下文的话，并不能让她明白性别差异，所以要讲清楚：女性是容易受伤害的，身体上的伤害和心理上的伤害，都会影响她的一生。

相对于女孩来说，男孩更早熟一些。男孩之间，会私下讨论"性"这个话题。其实，只要男孩是一个正常的青春期少年，他就肯定会充满好奇心，会想弄明白"性"这个东西，所以，父母可以早早告诉男孩一些"性"知识，这样他会少走一些弯路。

建言献策

对待青春期的孩子，父母们需要把握的原则是直面和尊重，直视孩子的身体变化、心理变化，尊重孩子的成长，给予孩子成长必要的帮助和鼓励，切不可信口开河，随意对待孩子的青春期。

别高估孩子对你的忍耐力

孩子的成长过程中，都会经历一个青春叛逆期，这一时期的孩子缺乏适应社会环境的独立思考能力、感受力和行动能力等；另一方面，初步觉醒的自我意识又会支配他们强烈的表现欲，即处处想体现自己，想通过展示自己和别人的不同来证明自己的价值。所以，这一时期的孩子喜欢打扮得与别人不一样，喜欢做一些引人注目、与众不同的事情，也爱说一些令人吃惊的话，希望别人能够对他们另眼相看，这都是他们想要的效果。

反抗期的孩子是最难"对付"的，孩子的任性和叛逆行为，有心理因素的影响。在孩子成长的过程中，存在两个比较明显的叛逆期，即两三岁时的第一叛逆期和青春期时的第二叛逆期。青春期的孩子，他们的自我意识进一步发展，并逐渐形成自己的价值观。这种价值观有时与父母的价值观不同，遭到父母的反对，得不到父母的理解。于是就在同龄孩子中寻找共鸣，父母也就变得不那么亲近了。此时，父母如果介入孩子的生活，他们势必要反抗，要独立。反抗形式多种多样，有的不与父母交谈，有的与父母处处对立，有的离家出走，甚至走上犯罪道路。

其实青春期的叛逆是孩子正在顺利成长的标志，反而是那些在青春期不懂得叛逆的孩子才是最危险的。也因此，欧美等国非常重视孩子说"NO"，鼓励孩子要有自己的想法。可是令人遗憾的是，大多中国的父母并没有意识到这点，他们总是认为孩子最好的状态是"听话"。当孩子进行反抗时，父母甚至会急得火冒三丈。那么，对待青春叛逆期的孩子，应该拿他们怎么办呢？父母们可以参考以下的建议：

一、尊重孩子独立的需要，给青春期的孩子足够的自由

父母们不必担心，孩子会在反抗中逐渐长大，完善自我意识，形成独立人格。父母只要巧妙地应对孩子的叛逆，帮助他们化解青春期可能会遭遇的危险，让他们少走点弯路，就是对他们最好的照顾。给孩子充分的独立空间，他们的叛逆行为自然会消失大半。青春期是孩子心理变化非常剧烈的阶段，因为他什么都想自己去尝试，今天是这种心理状态，明天可能就变成另外一个样子了，因此，妈妈不必为孩子偶然出现的异常行为而焦虑不安，也不要对孩子偶尔出现的强烈的叛逆行为，譬如离家出走、早恋等大动干戈。此时，妈妈应当适当地进行反思。因为，孩子叛逆行为是对父母强烈的控制欲望的一种反击，如果父母对孩子的控制适当变弱，那么孩子的叛逆程度也就会自然而然地下降。作为父母，要理解孩子的叛逆心理，懂得孩子一定程度的叛逆是非常正常的，是孩子走向成长和独立的必然阶段。如果父母尊重孩子的想法，给他充分的独立空间，那么孩子的叛逆心理就会减轻；相反，如果父母不尊重或者横加干涉，那么后果就是孩子的叛逆心理会变得更加强烈。

进入青春期的小栩让妈妈非常头痛。初一那年，他迷上了电脑，天天放学回家就坐在电脑前面，妈妈不让他玩电脑，他就趁妈妈不在的时

候玩，或者是跑到网吧去玩。妈妈对他管得越严，他就越想方设法跑去玩，甚至有的时候不上晚自修，悄悄跑去网吧玩电脑。妈妈知道后，火冒三丈，跑到网吧把小栩揪出来，破口大骂："你这个不争气的孩子，你是想气死我啊！不好好学习，居然敢逃课来玩游戏，这到底是有什么好玩的？""妈妈，我不是玩游戏，我是在学东西！你不要污蔑我！"小栩又气愤又委屈。"还敢不承认，要不是玩游戏，你会这么痴迷吗？走，回家去！以后再也不准玩了。"

俗话说：上有政策，下有对策。妈妈不让小栩玩电脑，小栩还是会想尽一切办法偷偷玩。妈妈很伤心，感慨以前那么乖、那么爱学习的孩子现在怎么这么坏、这么贪玩呢？5年后，小栩在反叛妈妈的过程中长大了，考上了全国最好的动画设计专业。他的作品获得了很多奖，而妈妈也终于知道了原来孩子真的不是在玩电脑，而是在学习。

二、给孩子寻找父母之外的"长辈"朋友

和青春期的孩子对话最主要的不是发火，而是给他足够的自由。父母不妨装作"无知"，不要总是告诉孩子怎么做，而是放手让他自己做；尽量去欣赏孩子的变化，试图从他身上发现越来越多的优点；给孩子更多的"独立空间"，适当的时候，要学会闭嘴，尊重孩子的生活方式；当然，有时妈妈也需要温柔地坚持。青春期的孩子认识偏颇，难免会做错一些事。当孩子沉迷于网络游戏或者是与异性同学交往过密时，父母就要坚持原则，让孩子知道这样做对他不好。青春期的孩子对妈妈喋喋不休的唠叨感到厌烦，他们更愿意听朋友或其他长辈的意见。因此给孩子寻找父母之外的朋友显得尤为重要。这种父母之外的朋友最好是由和孩子岁数相差不大的"舅舅""叔叔""姑姑"

等父母的亲人来担任。与这样的人来往，对孩子来说是非常有益的。孩子在他们面前可以畅所欲言、毫不顾忌，这些"大人"在与孩子的交往中能够倾听他的烦恼，并给予孩子明智的建议，更利于孩子顺利度过青春期。

青春期的孩子都会表现出较强烈的叛逆来，不听妈妈的话，什么事都要自己来，想要追求自己喜欢的东西而不是妈妈给他安排的东西。这是正常的，也是妈妈应该为之高兴的，因为孩子在逐渐脱离对妈妈及重要亲人的依赖，走向独立的自己。但是，有些妈妈却认为叛逆的孩子不听话，不好好学习，就是"坏"孩子，就是没有前途的孩子。这绝对是错误的，实际上孩子在该叛逆的时期叛逆是件好事。因为如果孩子以正常的速度走完这个叛逆期之后，他们会在18岁左右形成一个完整的"自我"。有了这个"自我"，他们就会有较强烈的欲望，明白自己想要什么不想要什么，从而不需要监督也能有很强的动机去追求一些人生目标。这些孩子长大后往往会取得很多惊人的成就，也会过上更精彩的生活。

建言献策

对待青春期的孩子，父母们最好能记住3个关键词：一是"无知"，二是放权，三是温柔地坚持。"无知"，就是装傻，不要总是告诉孩子怎么做，而是启发他，放手让他自己做，让他体会到成功的喜悦。放权，就是适当地让"权"。青春期的孩子需要在家庭里寻找自己的空间，这时候父母们要学会闭嘴。孩子在寻找自己的生活方式，和原来你给他的生活方式发生冲突了，不要那么快就做出反应，可以用"等待的艺术"。温柔地坚持，就是有时候对原则性的问题要坚持，但要讲究方法。

将鼓励言辞持续到永远

人在一种良好的期望中生活，经常听到的是期望的语言，就会变得非常自信，这时候心理、生理上会调整到一个最积极、最活跃的状态，真的能如自己所期望的那样达到一个个目标。因此，每位妈妈对孩子都要有一个好的期望，而且要透过言谈举止让孩子感到你的期望。多说"这次有了进步，一定要继续加油"之类激励的话，多拍拍孩子的肩膀给他鼓劲，这些积极的外部信息能使孩子看到自己的进步，肯定自己，激发出蕴藏于自身的巨大潜能。

哈佛心理学家做过这样的实验：有两组男孩，先让他们一起长跑消耗体能，然后一组接受严厉的批评，另一组得到热烈的称赞，随之进行体能检测发现，被批评的那组孩子无精打采，体能处于崩溃状态；而被表扬的那组孩子精力旺盛，体能得到迅速恢复，充满自信。因此，心理学家告诉父母们：父母在教育孩子时应多给孩子一些适当的赏识，学会赏识、赞美你的孩子，这对孩子的心理发展十分有利。让孩子知道妈妈对他们的关注和认可，既能快速抚平孩子身体上的创伤，也能促使孩子的心理朝良好健康的方向发展。

一、把赏识和鼓励当成孩子生命中的一种需要

中国伟大的教育家陶行知先生曾深刻地指出："教育孩子的全部秘密在于相信孩子和解放孩子。"相信孩子、解放孩子，首先要欣赏孩子，没有欣赏就没有教育。欣赏和鼓励可以说是每一个人的自然需求。假设你今天在公司认认真真地做了一份策划书，

被同事大加赞扬一番，你会怎么想呢？会不会感到很欣慰："我的努力没有白费。"假设你今天烧了一桌可口的饭菜，丈夫、孩子吃完后满意地说："嗯，今天的菜做得真好吃！"你会不会心里特别高兴，下次还会兴致勃勃地为大家做上一大桌的好饭菜。其实，孩子也一样，他们也很需要妈妈的欣赏和认可。谁能总是受着批评、指责、埋怨仍保持喜气洋洋、斗志昂扬呢？孩子幼小的心灵就更需要赞扬和鼓励了，鼓励能使孩子信心高涨，更加努力，就像托马斯说过的那样，"有时候，及时有力的鼓励是对孩子最好的帮助。"

儿时的蒋方舟并未表现出过人的天赋，在妈妈眼里，她甚至要比同龄孩子迟钝许多。幼儿园老师反映：蒋方舟内向，不喜欢唱歌跳舞，不像其他小女孩一样爱打扮和出风头。妈妈就想让女儿学点才艺，于是将她送去学电子琴，可是没几天蒋方舟就不学了。不学就不学，妈妈不再勉强，从那以后再也没给女儿报任何兴趣班了。后来，蒋方舟上幼儿园大班时，班上要准备一次英语汇报演出，老师放假回家了几天，再回来孩子们的英语全都忘了，唯有蒋方舟还记得很清楚。老师便让她当小老师来教其他孩子，蒋方舟居然教得很好。妈妈很惊喜，她开始笃信，女儿确实有语言天分。于是，就有意识地去让她多看一些书，还鼓励她去写一些东西。每当妈妈发现蒋方舟写的文章中有好的句子时就大声赞扬，在妈妈的赞美声中她越来越喜欢文字，开始涉猎大量的书籍，9岁的蒋方舟曾以《打开天窗》赢得了众人的关注，后来由于文学上的长处被清华大学破格录取。

蒋方舟成长在一个单亲家庭中，但很幸运的是她有一个懂得她、赞美她、支持她、发现她优点的母亲，是这样的一位妈妈让她顺利走进了人们羡慕的象牙塔。蒋方舟的妈妈最大的育儿秘籍就是赏识孩子，赞美孩子。其实孩子都是希望被赞美的，妈妈也要懂得这点教育的艺术，懂得欣赏孩子的妈妈，孩子会更喜欢。

二、正确的赏识是激发孩子潜能的良药

会赏识的妈妈需要抛弃一个观念，那就是"我的孩子还不够好"。很多妈妈对孩子的期望很高，已经超过了孩子年龄段应有的能力，所以他们表现得一般时，妈妈就会觉得孩子很差劲，或者没有什么天赋，便会出言批评他们。三年级以下的孩子写作文的能力都很一般，这时候如果大人觉得"你写得还没有我好呢"，孩子的自信心和积极性就会受到影响，甚至不愿意写作文、害怕作文考试。如果我们拿着孩子的昨天和今天比较，多看看孩子的进步，就能找到一些孩子的优点、进步来鼓励他。"我发现你说话越来越有条理了""你讲的故事真有趣"，这样一些具体的表扬和赏识能帮助孩子建立信心。或者，妈妈在和孩子交流的时候，表现出对孩子的欣赏，他们也能拥有"成就感"，有成就感的人就容易对自己产生信心，有信心的人就能爆发出更多的潜能。总之，懂得赏识和赞美的妈妈，才能给予孩子及时的鼓励和赞美，获得赞美的孩子才会一点点做得更好，才能一步步在赏识中走向美好的未来。

比尔·盖茨之所以取得如此瞩目的成就，并不是偶然的，这跟他的母亲玛丽的赏识教育有着密切的关系。他的母亲从小就注重并给予盖茨科学的家庭教育。当盖茨三四岁时，玛丽外出总是把他带在身边，有意对他进行文化熏陶。当她在学校里向学生讲解西雅图的历史和博物馆的情况时，盖茨总是坐在教室最前面，虽然盖茨是

个好动的孩子，但在教室里他表现得比其他学生还要专注、认真。对此，玛丽时常给予表扬，这也使盖茨逐渐学会了专注和认真。盖茨要升初中的时候，因为个头很小，又生性腼腆，学习兴趣与六年级的同龄孩子迥然不同。这时，玛丽决定送他到一所叫湖滨中学的私立中学就读。在这所学校，盖茨第一次接触到电脑，并产生了浓厚的兴趣。玛丽十分有远见，她十分赏识盖茨对电脑的兴趣，于是鼓励并帮助盖茨了解这种很有前途的新事物，还凑钱给盖茨买了一台计算机。比尔·盖茨很快就迷上了计算机，并最终成为计算机软件业的霸主。

一位哲人曾经说过这样的话："人的精神生命中最本质的要求就是渴望得到赏识。"对孩子来说，训斥只会压抑幼小的心灵，只有赏识他们，才能开发出潜能。父母对孩子进行适当的赏识很有必要，赏识的奥秘在于让孩子觉醒，觉得自己与众不同，更容易催生自信的人格。学会赏识自己，这对孩子的心理健康发展十分有利。没有种不好的庄稼，只有不会种庄稼的农民；没有教不好的孩子，只有不会教的父母。赏识教育的本质是生命的教育，是爱的教育，是充满人情味、富有生命力的教育。孩子的成长需要父母的赏识，更需要父母正确的赏识。

建言献策

妈妈在对孩子进行积极的期望时，需要注意的是，不要给孩子施加过大的心理压力。抛弃那些瞬间改变孩子的想法，将一个适度的良性期待融入孩子的整个成长过程中。

"放养"未必不放心

"放养"一词，来源于驯化动物，就是让动物离开人类的掌握，脱离家庭养护、圈养，回归到大自然中，让它们更具有本质的生存状态。而放养教育，就是尽量让孩子们能在自然属性、社会属性多一点的地方进行感性及理性的练习及指导。孩子究竟是要"放养"还是"管养"？专家们认为在"规矩"的培养树立上，必须从小就需"严管"，待规矩成为"习惯"后，可以随着年龄增长再慢慢去放宽管束。至于身体照顾和思想养成上，专家建议尽量"放养"，就是像老鹰对待小鹰般，早早把孩子踢出巢让他们学飞。建立他们独立思考、对事物做出自己的判断、对人生方向做出自己的选择的能力；不要快手快脚地帮他们"做牛做马"，而是狠下心去看他跌撞摸索"自作自受"，以培养他们勇敢面对困难。

一、把握"放养"的原则

父母们深爱自己的孩子，一切都愿意管着，不愿意"放养"，其实很多时候父母必须让他们自己挣扎奋斗，若不让他们自由成长，他们永远也活不出真实的自己。不把孩子从家长的羽翼下放开，他们就永远不会独立。要对孩子进行放养，需要把握一些原则。在组织"放养"教育过程中，"放养"的原则是要有激励、有制约、有示范、有提示。

（一）激励

孩子进行活动时，给些正面准确的鼓励，让他们的行为得到正确取向的引导，这是认识教育过程中重要的环节，也就是认定教育。认定教育是人生教育不可缺少的环节，认定的好坏，会影响孩子们以后的行为取向，甚至可以决定孩子们一生的命运。老师、家长对孩子的行为认定时，不要急于下一个硬性结论，应该让孩子们从结论里面进行选择和思考。

（二）有制约

要对危险的状态进行制约，出现危险状态时，制约、制止都是必要的。孩子们年龄小自制能力差，他们需要一定的看护，甚至是保护状态都是可以的。在活动中制约危险行为时，不能惊吓孩子，要在无声的状态下，完成对孩子的行为制约及保护。

（三）有示范

是指孩子们在活动中的行为、语言、操作等不规范的时候，老师及家长要给孩子们做示范。示范的次数、快慢不能千篇一律，看孩子的接受能力而定。老师及家长做示范时，一定要准确规范。

（四）有提示

在孩子们的活动中，要不断给他们具体、有效、细节的提示，但前提是自己的看法必须准确。此外，在"放养"教育过程中，不能有硬性规定，比如规定孩子必须达到什么目标等，而是要尊重孩子的自身现有水平，让他们在无序行为中达到微小的目标。

二、"放养"可以分阶段进行

对孩子进行"放养"，不能着急，可以分阶段进行，我们建议父母们可以将"放养"分为3个阶段：第一阶段是"放松控制"。

这一阶段，父母还在监督着孩子的行为，但是可以慢慢放松控制，教会孩子承担自己的决定和行为的后果。第二个阶段是"在控制下自由"。这一阶段，父母让孩子去做他们认为对的事情，当然这是父母最为害怕的时候，父母们要勇于克服这种心理，给他足够的自由，在孩子行动的过程中，给他相应的建议和指导，让孩子在自己的隐性控制之下实现自由。当有些问题孩子不知道对错，这个时候就需要父母强势地告诉孩子，什么可以做，什么不可以做。这时候隐性的控制就必须变成显性的，这个阶段就是在控制下的自由。第三个阶段是自由。通过前两个阶段的积累，这个阶段的自由时孩子已经基本成熟，父母们彻底放开他们，给他们自由。所有的行为孩子都需要为自己埋单，实现孩子的真正独立。

通过有原则、有步骤的"放养"，孩子的成长一定能得到一个自由呼吸的空间，当孩子真正成熟时，他一定会感受到父母对他的关爱和付出。

建言献策

"放养"并不是放任，不是不管，而是放松了去养，适当的时候还是需要父母稍微引导一下。父母对孩子的"放养"，是张弛有度，要建立亲密的亲子关系，也要有亲密关系之间的信任度。

帮助孩子开拓眼界，成就国际化视野

什么叫"国际化视野"？什么样的人称得上具有"国际化视野"呢？我们首先来讲讲丘吉尔。温斯顿·丘吉尔是英国政治家、画家、演说家、作家以及记者，他曾于 1940 至 1945 年及 1951 至 1955 年期间两度任英国首相，被认为是 20 世纪最重要的政治领袖之一，带领英国获得第二次世界大战的胜利。1953 年，丘吉尔获得诺贝尔文学奖，获奖作品为《第二次世界大战回忆录》，据传丘吉尔为历史上掌握英语单词词汇量最多的人之一（12 万多），同时，他也被美国杂志《展示》列为近百年来世界最有说服力的八大演说家之一。对于丘吉尔的评价，有人说他高瞻远瞩，有人说他知识渊博，有人说他性格坚毅，有人说他敏而好学，但是这些综合在一起，我们却可以看到他身上的一个综合素质与潜质，那就是国际化视野。国际化视野包括国际合作与学习的意识、沟通能力和国际化的知识结构。国际化视野代表了更广阔的视野与舞台，对完善个人的知识结构，探索个人发展路线更加有益。

我们如何能培养孩子达到以上这几点呢？如何能够引导我们的孩子努力做到这些呢？这不是一蹴而就的行为，而是一个慢工。在这里，我们给家长几点建议：

一、鼓励孩子勇敢沟通

沟通的目的是为了增进情感，拉近人与人之间的距离。国际化视野的获得，需要与国外友人进行沟通，同样是为了增进情感，拉近人际距离。鼓励孩子勇敢地用不熟练的语言去沟通，不怕别人说笨。告诉孩子，勇敢是第一位的，勇敢表现出了真诚。其实中国人与外国人之间存在的不是知识上的差异，恰恰是沟通方式的差异。沟通方式的差异来源于文化的差异。所以，家长可以鼓励孩子边学习西方的文化，边学习西方的语言。

二、多带孩子参加"国际活动"

亲子活动,这是为了亲子关系的建立,增进亲子彼此的了解与信任。实际上,国际化视野的培养,同样需要我们多参与"国际活动"。有些"国际活动"与亲子活动是重合的,比如,观看国外大师美术展、听国外音乐演奏会、游览国外名胜古迹。除此之外,我们还可以让孩子多去参加一些国际比赛。孩子可以在参赛的过程中,认识很多外国的小朋友,建立长期的友谊。当然,一些本国的大赛,如新概念英语大赛,组织方会请到一些外国的专家,他们对于孩子的点评与对话,相信一定能打开孩子们的视野。

三、多带领孩子直接接触外国文化

国际化视野的学习,还包括有目的的学习。如果说沟通、活动能够直接接触外国人,那么学习就可以直接接触外国文化。国际化视野就是为了对中外文化进行对比,从中选择出适合个人学习与发展的问题解决模式。那么这种模式的直接经验来源于沟通与活动,间接来源则是学习。我们可以通过系统阅读外国的图书进行学习,当然要从国外知名的绘本读起,如《宝贝熊玩转数学》《咕噜牛与小妞妞》《不一样的卡梅拉》《小兔汤姆》等。6岁之后,培养孩子独立阅读外国儿童文学,如《小王子》《汤姆索亚历险记》《床边的小豆豆》等,小学阶段对于国外名著的阅读是建立国际化视野的基石。

文化本来就是无国界,我们应该让孩子们多吸收外面的空气,当然也不能放弃本土的,否则又变成"有菜没有盘子"了。最好的学习视角是国际化视野,最好的教育视角是对比教育。一个孩子,站得有多高,看得就有多远,走得就有多快……

建言献策

电脑的普及，让世界变得越来越小。因此父母可以定期抽出时间，与孩子一同上网浏览，通过网络了解各国的风土人情，并对世界各地发生的重大事件有所掌握。如果孩子的外语比较好，家长还可以引导孩子到国外的一些网站上去看看，这对培养孩子多元化的思维十分有好处，并且可以辅助孩子学习外语。

孩子那点微动作

看看什么才是孩子成长的必需品

想要一个愉快的家庭天地

　　家是让成人和孩子都感觉到温暖和安全的地方，当我们疲惫的时候，家给我们力量。当我们郁闷的时候，家会给我们欢乐。当我们开心的时候，会和家人去分享。对于未成年的孩子来说，家是每个孩子心理培育、养成良好行为习惯、健康成长的重要保障，愉快温暖的家，是孩子心底的渴望。但是现代生活的快节奏让孩子对家庭的渴望远远得不到满足，我们来看看三年级小朋友小夏在日记里写下对快乐家庭的渴望，对爸爸妈妈的渴望：

　　傍晚，大家值日完都回家了，他们的爸爸妈妈都来接他们，我只能自己回家，一天下来都好孤单。爸爸妈妈都很忙，不能陪我玩儿。想起以前我们一家人坐在沙发上又说又唱，非常快乐。我多么渴望一进家门，就看到爸爸妈妈的笑脸，可是现在呢，爸爸妈妈每天都很忙，根本没有时间陪我，我真的感觉好孤单。我真希望我有一个快乐、幸福的家，每天可以坐在沙发上和爸爸妈妈又说又唱，能让爸爸妈妈陪我一起玩耍。我真想变回原来的我，那个又小又不懂事的我，这样我就有一个快乐的家，有一个可以陪我的爸爸妈妈了。可惜我变不回去了。我想要一个快乐的家！

小夏的爸爸妈妈读着女儿的日记，哭了。妈妈说："我可怜的女儿，虽然我们给了你物质上的一切，可是却没有给你精神上的满足。作为父母，我们是不称职的。为了工作，我们忽略了太多。一直以来我们都以女儿的懂事为荣，一直以来也知道欠女儿很多很多，可是却没有办法补偿女儿。在女儿小小的心里，有着多少想说却无处说的秘密啊，她还是个孩子，她也想要爸爸妈妈的宠爱啊。宝贝，对不起。"可是，再多的对不起能弥补得了女儿心中的期盼吗？在我们的宝贝还和我们朝夕相处的时间里，我们应该要怎样给孩子创造一个愉快的家庭天地呢？我想，照着下面这几条建议，做到应该不算是难事。

一、尽可能地多抽出时间和孩子共同相处

一起看看电视、听听音乐、读读故事，谈谈学校的事情，做一做学校里孩子玩的游戏。游戏是孩子最愿意做的事情，家长和孩子一起做游戏是增添家庭轻松愉快氛围的有效方法。有专家称，身体的接触是家长和孩子增进感情的最佳良方。和孩子一起设计游戏项目，研究游戏规则，手把手地教孩子动作，游戏过关时的欢呼，还有胜利后情不自禁亲亲孩子的脸蛋、拍拍孩子的屁股的动作，都会自然地增进家长和孩子之间关系，起到增加知识、愉悦身心的效果。当家长和孩子在公平的游戏中共同玩耍时，家庭环境不仅仅只是轻松愉快，而且是家庭幸福指数最高的时候。

二、要放低期望，减缓压力

不和谐的家庭往往是家庭成员对个人、家庭期望值过高所产生的，这个道理对于孩子同样适用。"绝不能让孩子输在起跑线上"被视为家长育儿的普遍真理和熬心熬肺的动力源泉，却又屡屡被证明收效甚微、失败透顶，其中的关键恐怕是错在为占有好名次而过早抢跑和竭泽而渔。为孩子过早谋划人生计划是一种好高骛远的行为，只会徒增压力，事倍功半。正视孩子生理年龄、心理承受力以及智力发育水平，适度调整学习节奏和课业负担，做到张弛有度、减压为主，才能够使孩子基础打得更扎实、身心更愉快、成长向前的动力更足。甜甜的妈妈在逼迫甚至打了孩子之后，自己既心疼又内疚，得出的结论值得我们所有急功近利的家长反思。

我的孩子甜甜既调皮又懂事，有的时候真是对她哭笑不得。最近我发现，孩子对于数字或是某些她不喜欢或是不愿意接受的东西，特别有排斥感，任凭你怎么教她，就是忘，而且并不在意你怎么评价她，好像无所谓的态度。这让我火极了，昨天晚上终于按捺不住爆发了家庭暴力，在她的小屁股上留下了我的手印。原因就是因为学古筝时态度不端正，弹了后面忘了前面，弹了前面又不记得后面。我也知道一定要她在一周的时间内把放下好久的古筝重新拿起来并把曲子弹得滚瓜烂熟对她要求是高了点，但给点压力也是必要的，否则最后会一事无成。也不知道我这个做母亲的做得到底对不对，昨天我和孩子都很难过，事后我问甜甜："妈妈这么凶，你不要妈妈了吗？如果你又出错，妈妈又打你怎么办？"一听这话，孩子哇地大哭了起来，抱着我说："妈妈我要你，你打我吧，你打我吧！"我抱起孩子，泪水终于也不听使唤地流了下来。回想昨晚的情景，我可能做得过了。因为我太心急的缘故，试图把自己的意志强加给孩子，忽视了她到底能不能够承受。现在想想，我这样做想得到什么呢？想听别人的赞扬，想让自己的孩子出类拔萃……不，这些都不是我真正想要的，我只要我的孩子健康、勇敢、大胆，让孩子认为自己只要努力了，成长了，那她就是最棒的！今天晚上，我还会和孩子一起弹一弹琴，但在弹琴之前我会对孩子说："对不起！"因为只有快乐才是我们应该真正追随的，我只要我的孩子快乐！

三、要倾听诉说，平等民主

许多家长都说自己最生气的时候就是孩子不听话、顶嘴的时候，这往往也是造成家庭小暴力和紧张气氛的源头。孩子是家庭的一员，他们有他们自己的思考空间、处事原则和合理要求，要给予他们说清楚、讲明白，公平表述自己行为的机会，有道理就听取，意见不统一，家长要耐心劝导，切不可谁大谁说了就算，避免孩子"屈打成招"，产生逆反心理。同时，家长要认识到孩子现在的做法就是你儿时的翻版，要换位思考，主动尊重孩子的意见。给予孩子家庭事务、自身事件的参与权和决策权是创造轻松愉快家庭环境的核心因素。

建言献策

美国教育学家艾玛逊说："教育技巧的全部奥秘在于如何热爱儿童。"对孩子无私的爱，会使家长们无师自通，只要家长做到自省、克制、倾听、鼓励、用心，孩子做到自由、自律、敢说、好玩、开心，家庭轻松愉快的环境就会萦绕在你我周围。

想和大人一起讲讲喜欢的书

　　教会孩子热爱读书并懂得怎样读书，是家长给予孩子的最大财富。学生的阅读，不仅仅是在学校，更多的是在家里和平时。培养孩子良好的生活与学习习惯，家长负有义不容辞的责任。和孩子一起读书学习，带动了孩子读书的兴趣，开发了孩子的潜能，培养了孩子好学的习惯，同时提高了孩子的综合素质。和孩子一起读书学习，同时也给家长提供了一个和孩子一起读书、一起学习的机会，更多了解孩子的内心，促进了亲子关系的加强，营造了良好的家庭氛围，增进了家庭的沟通。所以，无论我们的工作和生活有多忙碌，每天都应当抽出一些时间与孩子共同阅读，分享名家经典，这对家长自身来说，也是一种情操的陶冶。对孩子来说，更是一种无声的教育，有利于他在品书的过程中心灵得到滋润，得到净化，更有利于亲子双方在文化修养上的共同提升。

一、陪孩子读书是最益智的亲子活动

　　亲子共读是当下的热门话题，是专家们谆谆教导的育儿良方。亲子共读，是家长和孩子共有的闲暇时光，是一种很难得很宝贵的天伦之乐。听听孩子讲讲他们喜欢的书，不仅能激励孩子多读书，更能让孩子在分享的过程当中提高表达能力，在读书过程中增强自信心，体会父母对他的关怀和爱。让我们来看看小鹏家的读书生活手记：

　　我、爸爸、妈妈一家都很爱读书，我们家里一天中，经常没有声音，因为我们全家都在读书呢。

我爸爸喜欢看古代小说、现代小说；妈妈爱看杂志、报刊、神话故事；我则爱看小说、童话、历史、自然等书籍。我读书在卧室，妈妈读书在客厅，爸爸则在书房。妈妈看书，看杂志，如果遇到一个精彩的片段就剪下来，保存在一个本子上；爸爸读书时，如果遇到了优美的词、句、段，就用本子抄写下来；我呢，是一个急性子，喜欢直接在书上用铅笔作批注，有时还要写一些读后感，有时坐在椅子上看书，读得高兴了，还要悄悄地走进客厅、卧室，给爸爸妈妈看一看，看得屁股坐痛了也不知道，做完作业后也在看，睡觉之前也在看，整天泡在书海之中。我喜欢星座，所以经常想：星座里为什么有"一等星""二等星"……查了书，才知道：星座里所有的星星，因为光亮不同，所以星星越亮，等级越高。"一等星"就是星星中最亮的。

每一个周日，我们都要对家人讲从书中看到的故事。这天该爸爸先讲了，他讲《射雕英雄传》里的黄蓉怎样把欧阳锋折腾个半死。我们被逗得哈哈大笑。接下来是妈妈，她讲神话故事《黄帝造人》：从前，皇帝用大炉子造人，他把人形放进大炉子里，结果烤久了，皮肤变成了黑色。第二次又拿出来得太早，皮肤是白色的，最后一次吸取了前两次的教训，时间正好，才造出了我们中国人。该我了，我滔滔不绝地讲了起来，我给他们讲《笑猫日记》里笑猫的一些故事，《水浒传》里的一百零八将……讲完之后，爸爸妈妈拍手叫好。

爸爸妈妈爱读书，我更爱读书。

二、为孩子挑选喜欢看的书

因为教育体制和文化的关系，与国外发达国家青少年阅读状况相比，中国的孩子在挑选喜欢看的书上面自主性不大强，需要父母指导进行选择。父母一定要注意给孩子提供适合他们年龄段的课外书。如果孩子年龄过小的话，可以给他们看一些以图画为主的书；如果年龄大一些的话，再给他们看一些文字上标有拼音的书。孩子越小，阅读就越需要家长提供帮助，因为他们的识字量有限，所以要靠图画和汉语拼音来认识文字，才能理解书籍的内容。当孩子的年龄稍大一些的时候，可以让他们读一些文字多的书籍。给孩子提供的书要注意配合孩子的知识积累程度。随着孩子年龄的增长，可要注意所选中的书中的文字越来越多，文字所含有的思想内容越来越丰富。孩子从这些书中不仅可以学习社会知识，而且还可以了解自我的社会价值，思考更深入的哲学问题。相关调查表明，20本"孩子喜欢的书"，排名前三位的分别是《险地传奇》《窗边的小豆豆》和《夏洛的网》。受孩子喜爱的国内作品有，秦文君的《穷女孩心香和富女孩可人》、沈石溪的《狼王梦》、杨红缨的《淘气包马小跳》和郑渊洁的《皮皮鲁》系列等，家长可以先参考书籍的评论，再给孩子挑选相关的书籍。

建言献策

　　兴趣是孩子读书最强有力的动力之一。只要让孩子对他从事的阅读活动产生兴趣，他就能积极地、热情地完成这项活动。相反，如果激发不起孩子对阅读的兴趣，则相当于孩子读书的前提就无法成立了。和孩子一起看孩子喜欢的书，能最大程度地激励孩子对书的喜爱，养成爱读书的习惯。

成绩不好，一起探讨

18岁的赵强有着高高的个头、儒雅文静的外表。从小，赵强就是个智商较高的孩子。上小学后，父母把全部希望都寄托在他的身上，迫不及待地给赵强戴上了"考好了有奖励，如果考不好，你什么也甭想"的紧箍咒。只要赵强稍有懈怠，就会遭到父母劈头盖脸的毒打，平时的训斥，更是如家常便饭一般。长期粗暴的管教，使赵强活泼的天性慢慢泯灭，变得越来越胆小、孤僻。他们给予自己孩子的则是冷漠或居高临下的指责性的"教诲"，这种情况一直延续到赵强上高三。

始料未及的事发生了。在临近高考的前两个月，赵强突然变得异常烦躁。父母"考好了有奖励，如果考不好，你什么也甭想"的话语总是嗡嗡响在耳畔，特别是夜夜驱赶不掉的梦魇总是缠绕着他，使他感到郁闷得要窒息。脆弱的神经再也没有承受力，赵强终于病倒了。

家长重视孩子的考试分数是可以理解的，因为分数是学习状况的一种重要反映，所以很多家长都很重视孩子的成绩。

当然，哪个孩子不想考好分数啊！可他们往往不知道自己的问题出在什么地方，怎样做才能学得更好。家长只是训和骂，孩子仍然糊里糊涂。有的孩子确实很少玩了，但分数仍然上不去。分数是个现象，家长应该动脑筋分析分数背后的诸方面原因，如果家长能够分析孩子的学习状况，就不会只拿分数来说事儿了。而且，通过这样的分析，找准了原因，也就有了解决的办法。在此，给家长提出几条建议：

一、分析分数后面的诸方面原因

其一，分析孩子的学习水平。

任何一门功课都有 3 个层面的水平——基础知识、基本概念（词语、定义、定理、公式、基本观点等）掌握的水平；基本技能水平（运用基础知识、基本概念解决基本问题的能力水平）；综合技能水平（解决比较复杂的问题的综合能力）。通过考试卷子和平常的作业，可以分析出这 3 个层面水平的情况。孩子的哪方面差，就重点解决哪方面的问题。

其二，分析孩子的非智力因素。

学习成绩与非智力因素关系密切，一些孩子的学习成绩上不去，有的是学习兴趣问题，有的是学习习惯问题，有的是意志品质问题，有的是情绪问题，有的是责任心问题。应该具体分析，找准原因。

其三，分析孩子的学习方法。

有的孩子的成绩总在某一水平上难以突破，学习态度、学习习惯也较好，这往往是学习方法的问题。应该一科一科地分析学习方法存在什么问题，再采取改进措施。

其四，分析孩子的智力因素、非智力因素。

成绩上不去，也有智力方面的原因，智力包括几个基本因素——观察力、记忆力、思维力、想象力，而每个孩子这四方面的能力往往发展得不平衡。有的记忆力强而思维力弱，有的观察力强而记忆力弱，这就需要从孩子的实际出发仔细分析。孩子的哪方面能力弱，应优先训练哪方面的能力，促进孩子智力的全面发展。大部分孩子的智力水平是正常的，只是强弱的方面不同，相差比较大的是非智力水平，非智力因素主要指那些不直接参与认知过程，但对认知过程起着始动、定向、引导、维持、强化作用的心理因素，包括动机、兴趣、情感、态度、性格等心理成分，具体一点来说，孩子的学习兴趣，孩子与老师的关系，孩子与同学的关系，都会影响到孩子的学习成绩。

二、改变看分数单和谈论分数的方法

家长明白了分数背后有很多因素，就可以改变看分数单和谈论分数的方法。考试过后，不必天天催着孩子问："分数单发了没有？"孩子给家长看分数单时，家长应保持平静的态度，可以说："你主动把分数单给家长看，很好。咱们找个时间具体分析分析这次考试的情况，好吗？"孩子迟迟不把分数单拿出来，可以启发他："这次考试应该总结一下，你先考虑考虑，今天或明天晚上咱们一起分析分析。"孩子的成绩不好，不要简单责备，而应采取理解的态度："这次没考好，咱们再努力。相信你能自己总结经验和教训。如果你有需要，咱们可以一起讨论讨论。"这些做法只是举例性的，相信各位家长肯定会有自己更有效的方法。

建言献策

家长可以主动去请教班主任和任课老师，越是找不准孩子的学习问题原因的，越要及时找老师讨论，请老师出出主意。个别老师分析不透没关系，还可以请教其他有经验的老师。

我需要几个真正的偶像

随着时代的发展，各个领域人才辈出，在文学方面，郭敬明、韩寒等引领着青春文学；在乐坛上，欧美、日韩、港台、大陆人才济济；

在体坛，国内孙杨、李娜风靡世界，国外 C 罗、梅西火爆全球……我们的孩子正值青春年少，心目中都会有"偶像"，他或许是为全人类造福的科技研究者，或许是用文字语言抚慰我们心灵的作家，或许是舞台上用最完美的自己给我们带来快乐的艺人，或者是一直孜孜不倦地为祖国培养人才的老师，还有陪在你身边的所有人……他们都可以是孩子们的偶像。

但是，在当今的社会中，还存在这样一种现象：很多青少年为了见偶像一面，电台、宾馆、演唱会后台一直等到深夜；为了见偶像一面，花费几千元专程跑到偶像所在的城市；更有甚者使得自己家破人亡。过度追星和盲目崇拜也在社会上引起了不少争议。当然，依然还是有多数青少年将偶像当作自己的一个目标，学习偶像身上的优秀品质。作为家长，应该怎样理解孩子的偶像崇拜行为？

青少年崇拜偶像原因是多方面、多样化的，主要有两种：第一是自我确认。孩子慢慢长大，逐渐发展起自我心理，开始自觉按一定的行动目标和社会准则来评价自己的心理品质和能力，并在此基础上形成自我理想，追求自己认为最有意义和最有价值的目标。他们在探寻自己的内在世界过程由于在心中尚未建立稳定的自我形象，常常不知道自己将来该做什么、该成为什么样的人、该往哪方面努力。为走出自我的迷茫状态，青少年急需一个看得见、摸得着的活生生的形象作为自我的代表，作为努力追求的将来该成为的对象的象征。第二是补偿心态。成长过程中的青少年向往的世界是多姿多彩的，但生活中又不可避免地面临着重重压力，诸如父母管得紧、老师管得严、学习负担沉重、人际竞争激烈等，这些常压得他们喘不过气来。在超负荷的心理负担下，青少年需要寻求宣泄、解脱和释放，偶像就成了他们的精神支柱。拥有偶像使他们感到精神有所寄托，收集偶像的生日、星座、兴趣、爱好等记录的轻松活动成为他们逃避沉重压力的"避风港"，使自己在现实中无法实现的心愿可以在感受偶像特质的过程中获得补偿。

偶像崇拜是青少年时期普遍存在的正常心理现象，对此我们既不应简单压制、粗暴干涉，也不应漠然视之、放任自流。为更好地发挥偶像崇拜的积极作用、减弱其消极影响，必须理解孩子的心理，加强与孩子的沟通，做好心理引导工作。引导孩子在崇拜偶像时应注意以下几点：

一、引导孩子从欣赏偶像外在特质向偶像内涵转变

调查表明，21 世纪青少年偶像崇拜具有多样性的特点。对于偶像崇拜的心理定位，父母们不能简单地认为崇拜国家领导、文学家、科学家是好的，崇拜影视明星是错误的。但以人物为核心的社会学习和依恋易导致对偶像的一种直观的、非理性的、神圣化的社会认知。若对偶像的崇拜能以特质为核心，则可产生对崇拜对象的一种理性的、实事求是的社会认知，它可使青少年积极认同崇拜对象的内涵因素，从而促使个人的自我成长。为此，不论孩子崇拜的是哪一种偶像，我们都应引导孩子全面分析偶像的各种特质。父母还可以引导青少年把崇拜偶像扩展到欣赏生活中偶像身上的优秀品质，从更多人身上吸取生活的智慧和动力。

二、引导孩子从表层的感性崇拜向深层的理性敬仰发展

有些孩子不明确自己崇拜偶像的目的和动机，也没有固定的崇拜对象，且常常崇拜的只是偶像的外在情况，如长相、笑容、

金钱、荣耀等，这样的崇拜还停留在表层，是低层次的崇拜，而若能进一步比较分析崇拜对象的特质与其个人成就间的关系，进而崇拜偶像的良好性格、敬业精神、奋斗历程等，则这种崇拜比前者更深入、层次更高。父母应帮助孩子全面地理解偶像，引导孩子由表及里、由现象到本质地欣赏和学习偶像，从而提高其偶像崇拜的水平。

三、引导孩子从仰望的心态向缩小差距的实际行动转化

许多孩子对偶像的崇拜是以崇拜为目的，为崇拜而崇拜，因而其心态往往停留在欣赏、幻想上而没有努力去找出自己缺少的特质加以弥补，影响了偶像崇拜的激励效应。为使孩子能把偶像崇拜作为帮助自己进步的手段之一，父母要促使孩子将崇拜偶像与自我调控相联系，实现从情感到行动、从欣赏到效仿的跃进。可指导孩子经常在纸上列出偶像吸引自己之处，并相应地对照自己是否有需要进一步完善的地方，进而在冷静分析的基础上订立目标，做出计划，实践锻炼、逐步提高。

建言献策

孩子的偶像崇拜与时代发展和媒体宣传等社会因素有关，更与该年龄阶段的心理特征紧密相关。父母应该尊重和理解孩子的心理需求，分析和把握青少年在偶像崇拜中的心理特点，从心理引导入手，充分发挥偶像崇拜对孩子发展的积极性影响、削弱其消极影响，促进孩子身心的健康成长。

有本事让我管管家

现在的孩子，通常是衣来伸手饭来张口，不少家庭都有专门的保姆来照顾孩子的生活。不少孩子动手能力、生活自理能力都不强，有些孩子甚至到上大学都不能照顾自己的生活。针对这样的情况，父母们表示很担心，他们希望孩子能够做自己生活的主人，而孩子自己也很想管管每天自己都生活的"家"，让家在自己的管理下做相应的变化。小欣写下了自己当家时兴奋又复杂的心情：

"万岁，万岁！"知道我为什么那么高兴吗？平时，大人们管这管那的，我连做梦都想当一回"小大人"，可是一直没有这个机会。使我万万想不到的是，这回的五一放假，我跟爸爸妈妈一说，他们竟然立刻就答应了！你们说我能不高兴吗？

一回到家，我就左思右想：到底我这个小管家该做什么好呢？对了！我就煮一餐饭给爸爸妈妈吃吧。我把我的想法跟爸爸妈妈说了一遍，他们笑了笑，同意了。

第二天，我一回到家，就见爸爸妈妈坐在沙发上看电视，我纳闷了，这时候妈妈不应该在厨房吗？这时我才猛地想起来今天是我做饭！我急忙走进厨房，买菜来不及了，只好从冰箱里拿饺子出来煮吧！我一想，妈妈平时都是煮饺子，这回我就来个煎饺子。

说干就干，我先往锅里倒水，再把饺子放进去，把锅盖盖上后我就放心了，可是不多时，水泡就扑了出来，可我一看，饺子明明还没煮熟嘛！怎么会……这时妈妈过来了，告诉我："遇到这种情况就要往锅里倒水，先后倒3次，这样饺子就煮熟了。"我按着妈妈的方法去做，果然，水泡不出来了，倒了 3 次水后饺子也熟了。我高兴极了！我取得了阶段性的胜利。

现在就要煎饺子了，我往锅里倒了点油，把饺子放进去，"呀，好麻！"我大叫一声。原来油弹在了我的身上，一个饺子也跳了出来，我把它放了回去，另一个饺子又弹了出来，给我又一次"麻醉"，我气极了。只好请教一旁的妈妈，妈妈笑着说："你把锅铲放低一点就好了。"

真神，油顿时听话起来，不再弹了，我也煎得熟练了，一会儿工夫，饺子煎好了。闻着那香喷喷的气味，我就直流口水，妈妈风趣地说："我们家有了位小厨师，我可以'退位'了。"看着这饺子我不由得想到：妈妈平时是多么辛苦呀！每天上下班，回来还做饭给我吃，可我有时还嫌这不好，那不合口味。想想真是太不应该了……

通过让孩子管家，孩子体会到了爸爸妈妈的操持家务的不容易。通过换位思考，孩子更能理解和体贴父母，而且做力所能及的家务也能减轻父母的负担，增进与父母之间的交流，可谓好处多多。我们可以通过家校合作，多给孩子管家的机会，促进孩子自我管理能力的提高。

一、学校、老师引导孩子当家

广西某学校的暑假作业里就专门有一项让孩子们学会做生活的主人——自己的事情自己做，父母的事情也要帮着做。一年级每天自己洗澡，晚上睡觉前自己检查电视机是否关机。二年级每天自己洗短裤，帮助爸爸妈妈洗（至少一次）袜子，早上起床自己理床。三年级以上的孩子，每天自己洗短裤，并且和爸爸妈妈商量，在家

"当一天家"，记录家里一天需要花多少钱，并记录下"当家体会"或拍成照片。在暑假作业清单里，不同年级的孩子有不同的分工。此外，老师们还要求孩子学会一个小本领。一、二年级学会洗水果，三、四年级还要学会买菜、理菜、洗菜，五年级的孩子还得学会看电器说明书，并且掌握电器的正确使用方法。虽然这些看来都是小事，但却是很多孩子平时所不会做的。对于老师布置的暑假作业，孩子们可不敢马虎。当家里的一天小主人，对于孩子来说是件新鲜事。在这一天里，他们可以掌管家里的财政开支，买菜做饭，还得做力所能及的家务。在交上来的暑假作业中，三年级以上的孩子都体验了"当家一天"的感觉。孩子们把当家一天的照片和感想集合起来，做成了生活小报。当家一天让大多数孩子都感受到了不容易。

"我今天当家后，觉得爸爸妈妈非常辛苦，每天洗衣服、洗碗还要做饭，还要照顾我。早上洗碗时，我费了很大劲才洗干净，碗上的油污总是洗不掉。中午做饭时，我的手差一点就划破了。买一天所要用的东西，还要尽力把一共消费了多少钱记下来，感觉很辛苦。"四年级的小朋友小东写下了他当家一天的感想。三年级的小朋友小劼仔细记录了当家一天所花的钱，一笔一笔，小到 7 角钱的豆腐，大到 10 元钱的肉，虽然一天下来，家庭必要开支并没有超过 50 元，但这已让他觉得爸爸妈妈养家并不轻松。也有同学在感言中写道，"拖地板弄得我腰酸背疼，一天下来，觉得当家真的很不容易，外婆每天做家务真的太不容易了"。"这样的作业做下来，感觉我们的孩子成长了很多"，这是家长的普遍心声。事情本身并不大，只要求孩子做点家务，当一天的家。但是这些却能够让孩子很深切地体会到父母的辛苦，当家的不易。我们的孩子，确实需要这样的体验，因为他们从小的生活被安排得太好了。

二、家长可以作为孩子"管家"的评价人，增进与孩子的沟通和了解

孩子管家，父母是最亲密的战友，同时，也是最合适的评价人。以往，评价都是老师给孩子做，很少有家长给孩子评价的，而这实际上也给家长提供了一个和孩子沟通和交流的渠道。从理论上来说，每个孩子其实都非常渴望和家长的沟通，每个家长也都渴望与孩子交流，事实上，不少家长和孩子之间缺乏沟通，平时除了有关学习的对话以外，就没有多余的话题了。家长做评价，有些话，当着孩子的面也说不出来，写在纸上效果也会很好。"时间过得真快，两个月的暑假结束了。在这个假期里，园园去了九华山和大连旅游，在大海里的感觉一定很好吧。在暑假里，你学会爸爸擅长做的几个菜，真的太好吃了。爸爸妈妈更开心的是园园已经学会怎么多做些事情了。新学期开始了，爸爸妈妈希望园园能交到更多的朋友，你说好吗？"这样的家长留言不仅让孩子们感受到了温暖，也让老师感受到了家长对孩子的关爱。

建言献策

"让孩子自己当管家，父母不应该是遥控器。"55岁的"中国十大杰出母亲"雷运娇用最朴实的生活语言，道出了"管家"的内在含义。让孩子管家是对孩子的信任和认可，家长们一定不要越俎代庖，坚决相信孩子有超越自己的实力。

让我一个人出去走走

中国父母应该说是"最心疼"孩子，最舍得为孩子牺牲和付出的了，父母们尽他们最大的力量成倍地给予孩子，但是结果呢？孩子们缺少了自立、自信，变得依赖性强，无法独立，不知道什么时候该做什么，而父母却唯恐孩子单独去做事会遇到困难或危险，一个劲地保护孩子。父母们爱孩子，但是又舍不得孩子，不给他独立处理事情的机会，不让他们单独出门，不让他们独立去面对和处理事情，试问他们的自立能力从何而来呢？这正是中国家长教育孩子的一大误区，我们误以为这样可以保护孩子，殊不知这剥夺了孩子独立处理事情的能力，让孩子无法自立，永远生活在父母的阴影下，这也是溺爱的一种。前苏联教育家马卡连柯说，"缺少爱会使孩子痛苦，而溺爱则会使孩子毁灭。"面对孩子想单独出去走走的渴望，家长们可以这么做：

一、转变教育观念，不要让爱变成一种束缚

爱是关怀，是爱护，更是一种宽容和自由。教育专家孙瑞雪说，愿我的爱像阳光，给你温暖，又给你光辉灿烂的自由。对于孩子，一味地让他在父母创造的温室里待着，对孩子的成长并无益处。有一位家长克服了不放心，给了孩子单独面对事情和处理事情的机会，就收到了良好效果。

家里没有味精了，儿子也需要买笔芯，我又很累，于是我决定让他一个人去买，也想锻炼一下孩子的处事能力。其实儿子一个人出去买东西也不是头一次了，但这么晚出去还是第一次，并且还得跑这么远的路，

我虽然有点不放心，但我还是没有说出来，我想就大胆一次吧，难道真会出什么意外？但婆婆却忍不住了，让我和他一起去，我拒绝了婆婆的要求，并宽慰她说："没什么，晨啸出去买东西又不是第一次，晨啸，你敢吧？"儿子爽快地说："害怕啥呢？到超市又没有多远。"孩子的坚定也减轻了我的顾虑，增加了我的信心，于是他拿着钱出了门。可婆婆还是不放心，最后决定让我弟弟尾随儿子后面，起到保护作用。当儿子成功地把该买的东西摆在我们面前炫耀时，我突然间感到了我们的顾虑是多么的多余，孩子也需要独自一人去外面闯闯，看看外面的世界，而往往是我们大人一次次把他们的这些合理的要求断然回绝，致使孩子们一次次丧失锻炼的机会，直到最后连一些小事也不敢一人处理，自理能力越来越弱，想想，我们大人不正是罪魁祸首吗？

二、做好安全防护措施，教导孩子做好必要的准备

给孩子自由，并不意味着不管不问，完全放权，而是要教导孩子做好必要的准备，尤其是安全上的措施。初中语文有一篇课文《乌塔》，乌塔的处事能力让家长们深深折服，为了这次旅行，她准备了 3 年，阅读了很多与旅行国家有关的书籍，每个周末去帮餐馆或超级市场分发广告单，假期到别人家陪小孩玩，以此来挣够旅行费用。在出发前，她就设计好了旅行路线和日程，每到一地就先查警察局的电话号码，再给家里拨个电话或寄张明信片。凡此这些，都说明乌塔已具备了成人的思维，甚至已超越了有些成人的思维。难道这是乌塔天生具有的才能吗？不，我们想开去，乌塔的父母一定是在平时生活中就不断地找机会锻炼乌塔的自立能力和处事能力，她才敢一个人出去闯荡，这里充满了家长对孩子的信任、了解，我们中国父母何不向外国的父母

学习呢？有多少事例已经证明了我们教育上的缺陷，我们真该好好思考一下在保障孩子安全的前提下，如何给孩子自由，把孩子成长的机会还给孩子。

建言献策

> 尽量放手，让孩子自由。让孩子遵循本性，遵循自然的规律成长。只要不影响别人，让孩子多玩一玩，多闹一闹，对孩子的身心发展都有好处。

告诉爸爸妈妈什么是爱

2008年3月15日，周六。一位母亲给女儿的记事里这样写着：

晚上从潘家园回家的路上，爸爸在开车，我和你坐在后座上。你俯下身，把头枕在扶手上画有奥运图案的靠垫上，准备睡一会儿。我看着你（你快6岁了，我还是看不够），又一次在心里默默感叹生命的神奇：一粒小小的种子，那个曾经在我怀里吃奶的小家伙，怎么就长这么大了呢？我不禁抚摸着你的背，轻轻地在你耳边说："楠楠，妈妈爱你，妈妈一生都会这样爱你，宝贝！"这时你忽然直起身子，定定地望着我的眼睛，认真地说："妈妈，我有一个问题想问你，是一个也许不太合适的问题。"

你这样郑重。你的眼睛睁得大大地，在车内忽明忽暗的光线里，恳切地望着我。也许不太合适的问题？我吃惊而好奇地期待着："你问吧。""妈妈，如果我是残疾孩子，你还会这样爱我吗？"原来是这个问题——我们曾一起看过一则电视新闻，讲的是刚出生的残疾儿被父母遗弃的报道。我把你的小手握到我双手的手心里，望着你的眼眸，轻柔而肯定地告诉你："楠楠，不管你是不是残疾孩子，不管你是怎样的，我和爸爸都会像现在这样爱你，永远这样爱你。如果你有残疾，妈妈、爸爸会一生都照顾你！"

"那些被遗弃的孩子，爸爸妈妈为什么不要他们了？""嗯。他们一定有很特别的原因，比如或许他们没有钱给孩子治病，否则做爸爸妈妈的一定不会遗弃孩子的，你放心吧！"（男孩女孩的性别问题，那些背后复杂的社会问题，我想以后再给你讲）你眼里的恳切退下去，充满了柔和。你从我的手心抽出手，伸出两条手臂环绕着抱住我，依偎在我胸前，说："妈妈，我爱你。"一会儿，你将头枕在靠垫上，立刻睡着了。她睡着了，我把手搭在她背上。

原来那样一则新闻，会给孩子心中留下这样的困惑。很欣慰她提了出来，我们得以对话。她的这个提问让我反思：父母对孩子的爱应该是怎样的呢？我想：应该是没有条件的：无论她是健康，还是残疾的，父母都要同等地爱孩子……

最后，这位母亲得出一个结论，父母对孩子的爱，应该是无条件、有原则的爱。"无条件的爱"意味着：爱她，同等地爱她，无论她是一个什么样的孩子，无论她是身体健康或是残疾，无论她是性格活泼或是沉静，无论她是学业优等或是困难。

现实生活中，很多家长也知道这样的道理，但是做得却恰恰相反，他们以爱的名义对自己最亲近的人进行一种强制性的控制，让他按照自己的意愿去做。这其实是一种非爱性的掠夺，称为"非爱行为"。英国一位心理学女博士说："世上的所有的爱是以聚合为最终目的，只有一种爱是以分离为目的，那就是父母对子女的爱。所以父母真正成功的爱，就是越早让孩子作为一个独立的个体从你的生命中分离出去。"不少母亲也经常会对孩子说：你看看，自从生了你以后，我工作也落后了，人也变老变丑了，我一切都牺牲了，都是为了你，你为什么不好好念书呢？这就是典型的"非爱行为"中的一种。

一、时刻保持清醒，明白"非爱行为"的坏处

在非爱行为中成长起来的孩子，常常会伴随着严重的心理问题和人格伤害。据调查表明，有"非爱行为"的家庭有 95% 的孩子都对父母有意见和不满。这还仅仅是非爱行为百害中的一样，"非爱行为"还能弱化孩子的能力。许多父母对孩子的过度关爱渐渐变质为操纵孩子的生活，强制孩子按自己的意愿做事，孩子习惯了凡事听人安排后，能力越来越差。最重要的是"非爱行为"使父母与孩子无法互相感受到对方的爱，很容易让父母和孩子都在心理亚健康的泥潭里面挣扎。改变自己的心态，拒绝"非爱行为"，给孩子发自内心、纯净无瑕的爱才是父母们给孩子最好的教育。

二、不求回报，爱孩子真实的模样

孩子是一个独立的个体，有自己的想法、行为，父母们要注意自己的心态，不能因为孩子的学习成绩或者表现让自己有面子等心理，强迫让孩子朝自己渴望的方向前进。这样要回报的有条件的爱，不是真正的爱。《功夫熊猫》里，大龙和娇虎的师傅，对弟子的爱是有分别的，大龙因为他有学功夫的天分，得到了师傅的宠幸。娇虎尽管勤恳地操练，但是师傅对他却否定和忽视。在这里师傅的爱是有条件的：你满足了我的要求、期待，我才爱你；没有满足，我就没有那么爱你，

甚或不爱你。很多教育哲学，包括中国儒家和道家的哲学，可以帮助我们理解什么是无条件的爱。教功夫的师傅，是大龙的养父；师傅对大龙的期待很高，一度让大龙也认为自己是神龙大侠的不二人选。在那里，师傅再看看功夫熊猫。熊猫也是一个养子，他的养父是一只鸭子。看上去鸭子胸无大志，一介卖面条的平民，连做豆腐的梦想也不曾有。可正是这只鸭子养父，给了熊猫一个心理安全的家：养子是卖面条的，爱；养子当上了神龙大侠，爱；神龙大侠垂头丧气地跟随逃难的队伍回到养父身边，一副失魂落魄的样子，仍然，爱。父母的无条件的爱，意味着相信自己的孩子是独特的、唯一的、不可复制的个体，意味着他的生命是向善的，父母需要提供向善的种子发芽、成长的环境，这环境中最重要的因素，莫过于心理得到安全。在我看来，只有在无条件的爱给予的心理安全里，孩子才能成长为自然、自信、本真的乐于探索未知的人。

建言献策

　　父母要克服虚荣心和需要孩子迎合自己好恶的心理，不要要求孩子一定表现为别人眼中的好孩子、优秀的学生。让孩子自然、本真地展露自我，尊重孩子的想法和需要，让他按照自己的速度，从容前行，在自信的从容前行里，才能对生活充满期待，越变越好。虽然对父母是一个挑战，但结果一定值得。

每个孩子都有自己的心理引信

我需要爱抚，不需要说教

什么样的关系，让人一眼便看出他们之间关系密切呢？只有肢体的连接，亲密一看便知。作为父母，如果你希望跟孩子很亲密，如果你希望孩子什么都跟你说，如果你希望你跟孩子互相依赖，只有一条捷径，就是爱抚你的孩子。孩子出生以后，你经常拥抱和触抚他吗？经常拍拍他的肩、摸摸他的脸、拉拉他的手、揪揪他的耳朵、打打他的屁股吗？所有这些，叫慈爱的抚摸。作为父母，如果现在给自己评一下分数，0 到 10 分，你可以得多少分？这个分数，非常重要。

心理学研究证明，即使是成人，对喜欢、关心自己的人的爱抚，还会觉得非常舒适，对于孩子来说，爱抚对孩子的心理安全，甚至对孩子未来的智力与人格发展都有一定的联系，经常拥抱自己的孩子、触抚自己的孩子，孩子就一定会安静祥和、正面积极，暴力倾向少。肢体的接触不需要语言，就能在很大程度上建立起孩子的健康心理。那我们该怎么做呢？

一、方法

最简单的做法，如果你的孩子还小，还没到叛逆期，很简单，我们拥抱他，让他在拥抱中感受到相信与支持。需要提醒的是，每天晚上，当您坐在你孩子床边时，一定要先做一个动作。

做什么动作呢？要念一句口诀，轻轻地念，念给自己听，这句口诀是："我在这里，我在这里，我在这里，我在这里，我在这里，我在这里！"什么意思？为什么要这样做？因为一天忙下来，你的心是杂乱的，心思意念乱飞，这句口诀就是让你先把你的身心呼唤回来，完完全全集中精神，再面对孩子，只有这样的沟通才有效。

有一位母亲，工作很忙，每天很晚回家。有一天很晚时分，她回到家。孩子来开门："妈妈你回来了！"孩子看见妈妈回来了，非常高兴！

妈妈摸摸孩子的头说："嗯，宝贝，妈妈回来了，妈妈吃完饭跟你玩，好吗？"

然后妈妈就去餐厅吃饭了，吃饭的过程中，孩子又跑过来，跪着趴在妈妈的膝盖上，抬起头问："妈妈你回来了！"

妈妈很奇怪，但是，还是摸摸孩子的头说："是啊！宝贝，妈妈回来了，妈妈吃完饭跟你玩啊，好吗？"

妈妈吃完饭了，坐到沙发上，开始吃水果，孩子又跑来趴在妈妈的膝盖上，抬头看着妈妈问："妈妈你回来了！"

这个妈妈听了一激灵，突然有一个觉醒：从进家门到现在，我满脑子都想公司的事，明天要打几个电话？明天要布置什么事情？明天要找谁谈话？注意力都在这些事情上，跟孩子讲话只是敷衍而已。小孩子是很有灵性的，妈妈虽然身体回来了，心还没有回来，她的心还在工作上。所以孩子一遍遍地跑来问：妈妈你回来了吗？

如果没有全身心地跟孩子讲话，孩子是可以感觉到的。孩子的灵性好，所以跟孩子交流，千万不能应付他。

什么样的表现是应付呢？比如，家长经常地这样说："哦，你说"，"哦，是这样啊"，"嗯，知道了，一边玩去！"用"嗯、啊、哦"回应他，就是应付，就是没有专注听孩子讲话。长此以往，孩子就不愿意跟你交流，更严重的是，孩子也变得越来越心不在焉，注意力分散，做事无法全神贯注。所以你一定要改变，从跟孩子讲话开始。

准备跟孩子讲话的时候，你就开始对自己说："我在这里，我在这里。"

如昊你关注这一点，并做到这一点，我可以确认，若干年以后，当你有一天送你的孩子上大学的时候，你的孩子一定会问："妈妈，从小到大，你总是坐在我的床边，摸摸我，拍拍我，跟我聊天。妈妈，我现在觉得这个习惯对我的成长很重要。但是，有一点我一直不明白，你为什么在跟我说话之前，嘴里念一个什么，像念一个什么口诀，还是念一个什么咒语，在念什么，妈妈？"

这个时候你就可以告诉他，妈妈确实是在念一个咒语，"我在这里！"以保证妈妈能全身心和你在一起，跟你说话，听你讲话。

二、时间

如果你跟孩子之间已经有一些问题，我们建议家长在每天中的两个时间，跟孩子沟通和连接。坚持一段时间，一定可以重新连接上。什么时间呢？第一段时间是，晚上孩子将要睡觉的时间。他已经躺到床上了，你坐在他的床边跟他聊几句，拍拍他的脸跟他说说话。

第二段时间是，早上他刚刚醒来的时间。你不要急着叫他快快起床，你坐到他的床边，揪揪他的头发说："睡得好吗？怎么样？做好起床准备了吗？准备迎接新的一天了吗？"就是这样，跟他做连接。

从心理学角度上来讲，这两个时间，是家长们特别容易跟孩子沟通的时间，孩子的心灵在这两个时间是打开的，没有防卫的。很多家长已经开始这样做了。原来认为你跟孩子之间有代沟的，互相之间已经不愿意再沟通交流的，用这些时间这样做，一切都会好起来。

不用害怕你现在跟孩子的关系，不要害怕你们现在互相之间的亲密连接已经断了，不要害怕孩子会拒绝，不要害怕孩子不给你面子。慢慢来，照我说的做。敲敲孩子的房门，说我可以进来一下吗？我有一两句话要跟你讲。于是，你坐到他床边，开始慢慢建立连接，不要气馁。在睡前，他的心灵是敞开的；刚刚醒来，他的心灵是敞开的，你可以进来。

建言献策

爱抚在家庭教育中，就像是开车和汽油的关系，好而足够的燃料有助于驾驶，而如果没加油或油不够，车子很可能半路抛锚。"我在这里"，加上经常的拥抱和慈爱的抚摸，跟你亲爱的孩子建立交流的渠道，建立牢固的关系，你将得到一生享用不尽的亲情与和谐。

爸爸说，我是坠落的天之骄子

孩子进入小学，在对陌生环境有了一定适应以后，其行为、心理都会产生些许微妙变化。他们虽然依旧幼稚贪玩，但对于学校、集体已经多了一分归属感与责任感；他们虽然不明白什么是真正意义上的朋友，但俨然已经有了自己的"小小交际圈"；他们虽然还不知道从多方面去看待问题，但却已经形成了一定的思维模式及自我意识……这一切无疑说明——孩子正在慢慢地长大。

对于孩子的这种成长，我们做父母的自然是备感欣慰——孩子终于长大了！然而，欣喜过后，随之而来的却往往是令人负累的忧虑。因为多数孩子在"长大"以后，并没有像爸爸妈妈所期待的那样——乖巧懂事、品学兼优，反而是年龄越大一点，毛病就越多一点。

那么，究竟为何会出现这种情况呢？原因在于，伴随年龄的增长，孩子们已不再像幼儿时那般对外界充满恐惧，他们不再像以往那样依赖父母，他们日渐膨胀的自我意识告诉自己——"我想干什么""我需要什么"，而当他们的愿望无法得到满足时，孩子们就会表现出种种"离经叛道"的行为，诸如撒谎、懒惰、缺乏耐心，甚至是偷窃，等等。对此，家长们虽然一再"严防死守"，但由于找不到"病根"所在，无法对症下药，往往收效甚微。无奈之下，一些脾气急躁的家长最终扬起了巴掌，而结果却更加糟糕。

一位妈妈就曾沮丧地诉苦：

孩子刚上小学时还很乖，可到了二年级就越来越不懂事。明明是和同学出去玩了，回来却骗我们说在做值日；明明没有写作业，却骗我们"在学校已经写完了"……为了防止这种情况继续下去，我和丈夫狠狠骂了他一顿，还吓唬他说"如果再犯，一定揍你！"孩子当时不住地点头，我以为他真的知道错了，可没想到刚刚过去一个多星期，他的老毛病就又犯了。更气人的是，前几天他竟然在我衣袋里偷偷拿走了10元钱，我现在真的不知如何是好了。

很明显，这位妈妈在孩子出现缺点以后，并没有认真揣摩孩子的心理，仔细寻找问题的根源所在，而是以言语斥责，以"暴力"恐吓，试图让孩子因怕自省，最终导致了教育的失败。如果她能在问题出现以后，平心静气地想想"孩子为什么要说谎，是不是想玩一会儿又不敢对我们说""孩子为什么要偷家里的钱，是不是有什么事需要用钱"……借助换位思考体察孩子当时的心境，找到"病之根源"，并相应加以引导，结果很有可能就会大不一样。

其实，这个时期的孩子虽然毛病多多，但只要"把准脉、抓对药"，"救治"起来就不是什么难事。因为他们的毛病无非"小荷初露尖尖角"，我们如果能在萌芽阶段，以正确的方法将其"剿灭"，孩子就真的会与"陋习"彻底说再见。也就是说，童年期正是帮助孩子改掉恶习、培养良好习惯的最佳时期。倘若今天我们不加以重视，待他日孩子性格定型、毛病养成，那时才是真的悔之晚矣。

但问题的关键是，爸爸妈妈究竟应该怎样做，才能使孩子"悬崖勒马"，朝着良好的方向发展呢？以下几种方法，父母们可以参考一下。

一、有节制地去爱

近年来，教育学家、心理学家对当代儿童做出了这样的评价：

他们当中多数人过于自我，容不得别人说半句"不好"；

他们内心脆弱，生性多疑，承担不起挫折；

他们适应能力差，自理能力差……

的确，在孩子的身上，我们或多或少都能看到专家口中的缺点。那么，这些缺点究竟又是怎样形成的呢？其实很大程度上，正是因为父母过度的宠溺。

毫不夸张地说，溺爱对于孩子而言就是一种"毒药"。孩子在父母的百般呵护下，"衣来伸手，饭来张口""油瓶倒地不知去扶"，由此变得懒惰、散漫。"恃宠而骄""不容他言""眼中有天没有地"，由此变得骄横、自负。"不问世事""不知疾苦""不知痛为何物"，由此变得脆弱不堪……而其中较严重者，长大以后甚至会丧失基本的生存能力。

当然，这里并不是在质疑父母对于孩子的爱，因为任何一位家长的出发点都是好的，都不会希望孩子身上存在缺陷。只是，爱同样需要方法，孩子们正处在人生习惯塑造的关键时期，还请家长们切莫再释放错误的爱。

二、爸爸妈妈不能闹分歧

一位妈妈抱怨道：

前一段时间，我家儿子迷上了电子游戏，一放学就拿起游戏手柄按个不停。我怕孩子玩物丧志，说了他几句，没想到丈夫当着孩子的面反驳我"只要不是过分迷恋，还是可以益智的"。这不，如今我一批评他贪玩游戏，他就会顶撞我说"爸爸说是可以益智的……"为了多玩一会儿游戏，他常常不好好吃饭，或是应付作业，我现在一想起来就头痛……

很明显，这对夫妻在孩子的教育问题上，出现了较强的对立性。父亲对于孩子的态度，似乎更倾向于偏袒、溺爱，他的做法已经偏离了教育和指导的意义。这种情况若得不到改善，孩子很容易学会"投机取巧""见风使舵"——谁的观点有利于他，他就听谁的，进而对个别亲人产生过分依赖，这无疑会助长孩子的错误倾向。

所以，作为家长，我们在面对孩子的教育问题时，必须要保持高度的一致性，要学会接纳彼此的差异，共同为孩子营造一个良好的发展环境。如此一来，不但孩子会变得更加优秀，夫妻双方也会感觉生活比以往更有味道。

三、引导孩子发现自己的长处

曾有人这样说道："即使全世界都看不起你的孩子，你也要矢志不移地去赞美他、欣赏他，给予他奋进的信念。"这句话对于幼儿期的孩子而言非常适用。此时的孩子们正处于自我意识形成的萌发期，他们对于外界负面评价异常抵触，也表现得非常敏感。如果家长总是将目光放在孩子的缺点上，对其大加指责，孩子就会将父母的话当成事实，认为"我天生就是坏孩子"，因而失去改正的信心，逐渐变得自暴自弃。

相反，如果我们能够掉转目光，多去看看孩子的优点，多去赞美他的优点——诸如他的特长等，多给予孩子一些自信，孩子就会认为"原来我还是挺优秀的"，因而会越发希望得到外界的称赞。基于这种良好的自我评价以及获得表扬的欲望，孩子才会更加努力地向着良性方向发展。

也就是说，很大程度上，孩子的自我评价决定着其习惯的好坏。所以，如果孩子身上出现了某种缺点且又一时无法改正，爸爸妈妈不妨试着引导他去发现自己的长处，帮助他正确地认识自己，相信效果一定会很好。

四、给孩子找个榜样

不知各位家长朋友有没有意识到，孩子上学以后，虽然仍在我们的影响下成长，但另一支力量——同龄人的影响力，正在逐渐取代我们的地位。

据相关研究表明，幼儿时期，孩子由于接触外界很少，所以家庭影响力相对要大一些，但进入儿童期以后，由于他们对外部环境有了一定认知，并逐渐建立起了自己的交际圈，所以家庭的影响力会逐渐减弱，而他们所在的群体——同龄伙伴的影响力则会逐渐增强。

所以，当孩子身上滋生出不良习惯时，为他们找一个楷模，利用同龄人的"榜样效应"，将孩子"纳入正轨"，亦不失是一种明智的选择。不过，还要提醒家长们注意，孩子可能因近朱而变"红"，同样会因近墨而变"黑"。如果发现孩子的朋友存在某些不良习惯，一定要及时做好预防工作，防止孩子受到"传染"。

建言献策

有些孩子对错误"屡教不改"，做父母的千万不要以为这是他们在故意反抗，或许孩子并没有意识到自己的错误。这个时候，我们可以依据孩子的爱好去转移他们的注意力，有心的家长还可以在自己家里比较突出的地方，张贴或自己制作一些简单的提示图，时刻提醒孩子不要犯错。

与孩子建立"心"的联系

"你对自己的孩子了解吗？"当被问到这个问题时，父母们肯定会很疑惑。但是仔细想想，你们真的了解自己孩子的性格脾气、兴趣爱好、学习能力和心的需求吗？作为父母，要对孩子进行教育和引导，必须要做的是打开孩子的心门，走进他们的内心那个世界，去了解孩子更真实的一面，这样才能对他们的成长提出合理、正确、恰当的要求。

一、走进孩子的内心世界

很多家长最常说的话就是"你的作业做完了吗？""这次考试怎么又考这么差？""你现在还是个小孩子，你知道什么？"这样的家长通常只有两种行为：只满足孩子在物质上的需求或者只关注孩子在学习上的结果，他们很少去同孩子进行交流，也几乎从不问孩子喜欢做什么，愿意或不愿意做什么，更不会去征求孩子们对一些事情的看法和见解。这样的父母没有办法了解自己的孩子到底在想些什么，也无从走进孩子们的内心世界，难以取得孩子的信任，从而也就没有办法取得在家庭教育方面的实效。

父母要走进孩子的内心世界，就应该把孩子看作一个独立的、与父母平等的个体进行交流，尊重和了解自己的孩子，把他们当作成年人来看待。从两三岁开始，孩子的独立意识开始萌芽，而到了青春期，孩子的自我意识开始萌芽，也就是开始关注自己，评价自己，开始形成"成人感"和"独立感"。从这个时候开始，孩子们在心理上对父母的依赖逐渐转变为反抗父母过多的保护。父母应该对孩子的逆反心理给予足够的理解，要知道"不听话"就是他们需要独立做事、表现自己所放出的信号。这个时候父母要鼓励孩子在日常生活及学习中学会独立思考并处理简单事务，只要他们所做的事尚属合理安全的范围，就一定不要去强迫他们事事听从父母，而多给他们一些独立自由的机会，会更好地培养他们的独立品质。身为父母，应该在孩子不同的心理发展期，根据每个孩子成长中的一些需求做出适当的调整，用不同的方式去关爱他们，帮助他们在生活中、学习上学会独立。

"孩子的成长需要空间，孩子的成长需要的沟通，父母在家庭中要积极营造一种良好的教育氛围，培育孩子健康优良品性。家庭中也应该有民主，不仅充满亲情，更要多存在幽默和亲切。父母与孩子理应保持朋友的关系，两代人的思想要互相沟通。随着孩子年龄的增长，他们的内心世界也变得更加丰富多彩，父母更应该找时间与孩子直面交流和沟通。但是感情的培养是需要慢慢来的，急功近利是不可以的。在情感沟通方面，父母可以多和孩子去讨论他们感兴趣的事情，这样对及时发现孩子的思想是有很大帮助的，抓住教育的好契机。

二、鼓励、赏识孩子

美国有一位教授，曾经通过对精神气电现象的科学测定，知道孩子分别在得到赞扬与受到责骂时，他的学习能力与疲劳曲线的变化。测定结果显示，如果对孩子给予夸奖和肯定，会使因疲劳而下降的热量曲线即刻上升，相反则会下降。实验表明，给孩子正面的鼓励会消除他们的疲劳感，这样对提高学习效率是非常有效的。

有位名人曾经说过："微笑是友善的信号，赞美是赏识的表现。"孩子要战胜自卑，就一定要学会勇敢地去面对挫折。自由高飞，需要经历一个痛苦的过程。作为父母，最重要的是在孩子的人生道路上不断地为他们加油，为他们喝彩，打开他们心中那一扇住着"自信、智慧、创造"的大门，帮助他们打造一把打开潜能的金钥匙。因此，父母在对待孩子的成功或失败时，千万不可轻易地许诺，也不能随随便便失言，更不要空洞地夸奖。正确的做法是当孩子完成某一个非常值得肯定的事情时，正确地给予肯定与赞扬，多以激励的教育方式帮助孩子去获取成功。虽然积极去鼓励远比消极去刺激要好很多，可是鼓励法也不能用得太泛滥，一定要适度并且讲究艺术才会取得好的效果。在孩子遭遇失败的时候，父母要做的是给他们战胜失败的信心，让他们开始学会自信。告诉孩子，失败不可怕，失败是成功之母，它反而是在引导孩子向成功逼近。不要因为一次两次成绩的不理想就开始唉声叹气，给孩子压力，让孩子失去信心，要鼓励孩子大胆尝试，耐心指导孩子在尝试中体验进步与快乐，实现人生中的一个个"第一次"的成功，在"我能行""我是最棒的"的鼓舞中昂头前进。聋哑儿童周婷婷的成功就是其中典型的例子。双耳失聪的周婷婷在父亲的赏识教育和积极地引导下，16岁时成为一名大学生，并成为中国第一个聋人研究生。这个事例给予父母的启示是：假如孩子生活在适当的鼓励中，他们便慢慢学会自信，逐渐走向成功。

三、给孩子一片属于自己的天空，发展独立性

每个人都应该有自尊心、自信心和独立性，但自信与独立需要有不断确立与增强的过程，并不是一朝一夕就可以培养的。为了培养孩子的自信心和独立性，在孩子的成长过程中，身为父母要给予适当的爱与保护，而不是去溺爱，完全保护孩子，不让孩子有自己面对事情的机会从而阻碍他们成长。因为过分的保护会使孩子丧失许多锻炼成长的机会，孩子要成长，需要适当的帮助但更需要一些自主权和自由度。

父母在家庭教育中应谨记：该放手时就放手，切不可大包大揽，一定要留给孩子自己的空间、时间，让他们在经历中大胆地实践、锻炼、从而更好地成长。父母要经常激励孩子："你能行，你可以做得更好。"在生活中、在学习上，以自信、乐观的态度对待事情。父母要充分相信孩子，从小事上鼓励他们自己做好。要积极创造机会，培养孩子自己独立作决定的能力，做自己想做的事情，做自己能做的事情。例如，

怎样整理自己的房间、该怎么合理安排周末和假期、自己的零花钱该怎么花等都由孩子自行设计、自己规划。另外，家庭里有重要的事情需要做决策，父母也应该让他们参加讨论，征求他们的意见，这样可以培养他们独立思考的能力。

当孩子遇到了困难，这时父母不应急于去帮他们解决，而是应该从侧面多鼓励孩子自己思考解决办法，怎样独立面对事情，克服困难，然后再辅助他们完成。父母要多肯定，多鼓励，少指责，少批评，做好孩子情感和生活上的坚强后盾。积极帮助孩子树立自信，提高动手实践的能力，培养孩子独立、认真负责的品质和自我照顾、自我保护的能力以及独立思考和独立解决问题的能力。只有当孩子遇到真正无法解决或者难以解决的困难，父母才应当主动给予正确实质的帮助。

建言献策

　　意大利著名教育家蒙台梭利女士说，沟通是教育孩子最主要的手段。父母应与孩子成为朋友，经常进行心理沟通，无话不谈是非常必要的。父母也应及时发现并了解孩子心理上的问题并给予正确的引导，这样对孩子的身心发展都很有帮助。

千万不要让我在绝望中徘徊

父母有了孩子就会开始对孩子的未来寄予厚望，这是很正常的事情。如果这种期望没有实现，一些父母就失去了最初的热情，梦想冷却也伴随着对孩子的态度冷却了，这一类父母就是我们通常所说的绝望型父母。突出的表现是：不再用心去管教孩子，也不在乎孩子的未来怎样，能好当然更好，不好也就无所谓了。下面是一封某学校心理老师收到的求助信。

小欣老师：

您好！

这次我期末考试的成绩比以前下滑了很多，我很伤心，我自己也没料到一下子倒退了这么多。回到家里，在爸妈的一再追问下我才敢说出分数，可是，我真的没想到以往非常疼爱我的父母这次居然会那样狠狠骂我。骂我每天和男孩子一起玩儿，不知羞耻，不把心思放在学习上，最后他们说已经对我彻底失望了，以后都不会再相信我了……他们就这样狠狠地骂了很久，之后的一个多星期他们都不理我，不跟我说话，看到我都是一脸生气的表情。我觉得自己被爸妈抛弃了，他们不再爱我。小欣老师，我现在特别难过，特别绝望，课听不下去，回家也很难受。您能告诉我要怎么做才能回到以前父母关心我的状态呢？

小晴

从痛苦的小晴身上，我们可以体会她因为成绩退步而感受到的压力和痛苦，父母对小晴的能力非常肯定，对小晴充满了期待，但现实情况是没有让自己的实力发挥出来，他们认为导致小晴成绩退步的原因在于她没有专注于学习，而是将过多的精力放在与同学的友谊上。其实他们是在表达我们相信你是个有能力的孩子，相信你是个可以管理好自己时间的孩子，而你没有做到，这让我们感到很难过。但是，小晴的父母选择了错误的表达方式：冷战，既没有让小晴接收到他们的想法，反而把小晴拖入了绝望的深渊，相信这也是小晴的父母不愿意看到的。

其实，面对这种情况，小晴的爸爸妈妈可以和小晴一起好好分析一下这次考试失利的原因。父母可以和小晴坦诚地交谈，说说自己的感受，并告诉小晴，爸爸妈妈之所以不高兴，是因为她没有做好，父母并没有不爱你，更没有抛弃你，对你，我们依然满怀希望。小晴与同学的交往，父母也可以提出指导意见，并和小晴一起定下目标，对小晴下次的表现寄予希望才是最让孩子成长的方式。好在小晴求助了心理老师，心理老师帮助小晴和父母进行沟通，圆满解决了问题，如果这种情况发生在一个性格内向，不善于向他人求助的孩子身上，会给孩子留下难以消弭的阴影。那么，我们应该怎样一直给予孩子希望，不让孩子陷在绝望的泥潭里呢？我们提供了以下几条建议：

一、充分利用罗森塔尔效应

罗森塔尔效应（Robert Rosenthal Effect）或"期待效应"，暗示在本质上，是人的情感和观念，会不同程度地受到别人下意识的影响。人们会不自觉地接受自己喜欢、钦佩、信任和崇拜的人的影响和暗示。父母作为孩子的第一导师，是孩子信任和钦佩的人，父母对孩子的期待对孩子的影响很大，而这种影响，正是让孩子梦想成真的基石之一。既然对孩子有了期待那么就应该真的去相信孩子，每个人的行为都是受思想意识指挥支配的，其中动机、信心更为重要，对激发自己的潜力很有利。正如温家宝总理在谈到应对金融风暴时所说的"信心比金子更宝贵"。生活当中，经常遇到孩子做某件事情时，总是怯怯地说"不会做"或"做不到"，缺乏必要的自信心。长此以往，能力怎能提高？因此我们在家庭教育中，无论是老师还是家长都应该引导孩子树立并不断增强他的信心，敢于大胆地说"我能，我行"。有了这样的强烈信念，才能克服这样或那样的困难或干扰，不断创造崭新的自己。

二、对孩子的变化给予关注和期待

因为年龄差距与时代变化等多重原因，现在孩子的表现多少难以让人满意，但家长应相信生长中的事物是随时都在变化的。对现在表现不令人满意，缺乏信心的孩子应当要多引导、帮助他们，教育他们要用发展的眼光看问题、分析问题，找出问题的原因及差距，并确定日后努力的方向与方法。父母还应及时给予孩子更多的关注、鼓励与指导，信任孩子，让孩子看到进步的希望，这样将来他们一定会给父母及自己一个惊喜。引用《士兵突击》里许三多的一句话："不抛弃，不放弃"，让绝望变成希望，让鼓励化为动力，家长的改变就是孩子改变的先导，让我们和家长一起努力，为了孩子美好的未来。

建言献策

对待孩子让自己失望的事情，家长一定要注意自己的情绪，要善于控制自己，不要随意发作，要以积极的态度对待孩子，客观、具体、明确地评价孩子。及时肯定孩子的优点，与孩子就事论事，让孩子评价自我，同时形成健康的心态。如果孩子确实有错，家长必须指出来，要把问题的严重性讲得明明白白，以便孩子对照改正。

我的成长需要一个和谐的空间

家庭是孩子的第一个成长环境，未来社会的良好发展取决于新一代的精神风貌，好的精神风貌又来自于每一个和谐的家庭教育。实践证明，和谐的家庭环境对孩子的健康成长至关重要。孩子的情绪、情感是否愉快是家庭教育成功与否的重要标志之一。因为除去智力因素以外，影响孩子成功与否的因素更重要的是非智力因素。科学证明，孩子随着成长在智力上会有所差别，但智力水平相差基本不大，对孩子是否成功影响很小。而更重要的非智力因素，譬如性格、兴趣爱好、思想情感、意志力以及学习动机，等等。在健康、和谐的家庭环境中成长的孩子，他们的非智力因素会得到良好的培养，这为孩子的美好未来做好了铺垫。但要营造这种健康和谐的家庭氛围需要每一位家长的努力。

一、努力营造愉快的家庭氛围

长期处于轻松愉快心理环境下成长的孩子，通常表现为精神振奋、性格开朗、活泼乐观、信心满满。相反，在一个相对压抑的家庭氛围里，孩子往往是每天忧心忡忡、愁眉苦脸。时间一久，孩子就会变得更加内向、脆弱，缺乏热情，严重者甚至会患上抑郁症、逆反心理等心理疾病，这样就会造成父母与孩子在思想与情感上有更大的代沟。

营造一个健康愉快的家庭氛围，就应该避免发生家庭矛盾。有了矛盾也不要激化矛盾，应保持家庭和睦。父母在事情出现分歧的时候不要吵架，更不应把在外面的不好情绪带到家里。父母更不能在孩子面前动手，这种行为一旦发生会给孩子的心灵造成严重的创伤。

二、多交流，多沟通，尊重孩子的意见

首先，和孩子成为朋友，要换位思考，多以孩子的视角去考虑问题，

切身体会孩子那个年龄的心态，这样才能做到心的交流。其次，千万不要认为孩子还小就剥夺了他们的权利，对他们缺少尊重，在家庭里本来就是人人平等，要保持一种健康的、民主的家庭氛围，摒弃专制和独裁论。还有，作为父母，如果言行上出现了问题，一定要诚心接受来自孩子的批评；换作孩子做错了事，父母不要急躁、发脾气，更甚者动手打孩子，一定要耐心引导和帮助。所以为了孩子健康的成长，请您一定要对孩子多一分微笑，多一分尊重。有一位妈妈就很注意吸收这方面的信息，增进与孩子的交流。

有一次，我在杂志上看见了一篇题为《蹲下来和孩子讲话》的文章，写得很好，看了以后，我想也去把其中的方法放到现实里去试一下。一开始，儿子有点儿拘谨，但我能看到他的表情已经不再那么紧张了。当他犯了错误，我不再批评他，而是耐心地、慢慢地和他讲事情的道理并鼓励他说出自己的看法。后来他就开始放开了，一点点把自己的想法说了出来。他边说，我适时地点头给予他肯定并在适当的时候引导他的思路，使之有正确的认识。通过《蹲下来和孩子讲话》，我让孩子感受到了平等的存在，使他觉得他的地位与父母是平等的，这样他再遇到事情便勇敢地说出真实想法，也更乐于和我亲近，我想这就应该是各位父母所期待的和谐家庭吧！

三、不要忘记表扬，多赏识、多鼓励

在教育心理界经常有人说：如果你总对一个孩子说"你真笨"，这足以毁掉他。每个人都有两个"我"，人要了解自己也是一种本能的欲望，当我们照镜子的时候只能看到自己的外表，还有另一个

人心构成的"我"存在，可这个"我"来自哪里呢？对于一个孩子来说，如果他想知道自己是什么样子的人，他可能直接会从别人对他的评价而得。如果有人说他"好"，他就认为自己很好；如有人说他"坏"，他就认为自己是不好的；如果总有人说他笨，那么他一定认为自己"很笨"……更严重的是当他自己从这些信息里获取到的自己是什么样的人，在面对一些事情的时候，他就会按照这个认为去做，这样时间久了就很可能真的成为众人所说的那种人。如果总有人对一个孩子说他是笨蛋，那么他就会认定自己是笨蛋，即使遇到了问题，他也不会主动去解决，因为他已经认定了自己是笨蛋，笨蛋是不可能会做那些难题的。长此以往，大脑得不到锻炼，他可能真的就会变成"笨蛋"。对于孩子的优点，父母千万不要吝啬去夸奖他，给予他肯定，这样会帮助他们更自信，当然也有助于和自己多交流。

四、做好榜样

父母是孩子最好也是最早的老师，孩子是父母的一面镜子，孩子的表现通常能反射出父母的言谈举止。所以，父母一定要做榜样给孩子看，让他们去学习。

有这样一个故事：一个文盲父亲养育出了 4 个人才。在孩子成长期间，他总是在他们学习的时候一直陪着他们。孩子在做作业，他就到其他的房间，一个人不停地写写画画。孩子们通过门缝和窗户看到了爸爸苦学的身影，他们也开始认真地、不停地写字、看书。当长大后，有一天父亲去世了，孩子们打开父亲的柜子发现他当年写的那么多纸上都是画着很多圆圈。原来，这位文盲父亲是通过这种方式给孩子们做了最好的榜样。一个合格的家长要有正确的世界观、人生观和价值观。动辄就对孩子批评训斥，这样的家长往往自身做得就很不好。很难想象，一个每天出口脏话、无所事事、吸烟酗酒、嗜赌成性的家长能"训"出一个勤学习、懂礼貌、爱劳动的好孩子。这明显是不现实的。现在，很多家庭都是独生子女，曾有人说，如果教育孩子失败，那就是真的失败了，无法再从另外孩子身上补救。当今无论是社会，还是学校和家庭，孩子的教育都引起了高度的重视。作为家长，我们很有责任为孩子营造一个健康和谐的家庭环境，这对孩子的健康成长是非常重要的。如果每个孩子都进步了，每个家庭都是健康和谐的，我们的社会也就是和谐社会了。

建言献策

　　据统计显示，家庭不完整的孩子通常犯罪率和心理疾病发病率都比普通正常家庭要高一些。曾经在浙江发生的中学生杀害亲生母亲的惨案，还有那些大学生虐待动物的案例，就是例子。父母要严肃对待婚姻，正视离婚对社会以及孩子的不良影响，要加强家庭观念和责任，离异家庭和单亲家庭要处理好家庭成员之间的关系，也要建立良好的氛围，从而消除现实对孩子造成的影响和心理障碍。

和孩子讲话的目的是什么

　　父母们是否想过，教育孩子不一定非要板起面孔、一本正经。我们教育孩子，目的是为了让孩子更好更快地成长，我们和孩子讲话是为了和孩子更好地沟通，让孩子照我们的建议去做。既然我们的目的是为了让孩子更好地接受，那么，我们完全可以尝试以下几种做法，这些做法能从新的角度，帮助你收起说教的面孔，从而给孩子更有效的影响。

一、与孩子讲话，需要正确的说理教育

真正智慧的教育，即是正确的说理教育。父母在教育孩子时，不要一味使用命令的方式，而应以友善的态度启迪孩子，把道理给孩子讲清楚。如果父母在教育方式上不肯用心，只凭一时的喜怒赞扬或批评孩子，或只是发号施令甚至是训斥，孩子一时会被父母的威风吓住，做听话状，但他再稍大一些，则不会买父母的账了。我们不要苛求孩子立刻听从父母所说的每一句话，而是把道理讲清楚，给他们适当留有思考及情绪准备的时间，当他们感觉到父母所说的是对的，会更加尊敬父母，同时也可以有效地防止孩子的"逆反心理"和对抗情绪。父母和孩子应该建立一种积极健康的家庭沟通交流关系。在家庭教育中，父母要学会角色互换，每个家庭成员都可以对他表述的愿望做出积极辩解。当孩子能够参与家庭讨论时，与成年人一起思考，平等思考，提出建议，这样他们才能更好地理解父母。否则，他们就如同下文案例中的路路一样淘气，给爸爸妈妈不断惹祸。

路路在爸爸妈妈眼里是个特别淘气的孩子，他总是和大人过不去似的，你叫他往东，他偏要往西，你叫他认真写作业，他偏偏在那里瞎混时间；你让他在学校老实点，他三天两头被请家长；你让他少玩一点儿，他想方设法跑出去玩，而且一玩就玩到很晚……"你这个孩子怎么这么

不听话？快点！给我滚回家写作业！""你把这个错字抄十遍，给我好好记住了！""你下次再在学校闯祸，看我不收拾你！"……爸爸妈妈不知道怎么教育他，就采取绝对强硬手段来镇压路路的恶行，但是，这对路路起不了多大作用，最多被打被骂的当时路路会收敛一点，一会儿，这些警告就消失踪影了。于是，路路还是一如既往地惹祸，爸爸妈妈还是一如既往地头痛……

二、以身试教

家庭教育没有很多口若悬河、正襟危坐的场面，也不需要那么大声的训斥责备、苦口婆心的说教，在关键的时间，在关键的场合，以身试教，触动孩子的心灵，用温和的提醒和惩罚让孩子醒悟，比斥责和说教更起作用，更有意义。要让孩子遵循一个规则，那么父母首先要严格执行，做给孩子看，这样再给孩子讲其中的道理时，才更有说服力。如果妈妈总找借口不去上班，在孩子赖着不上学时，给孩子讲"遵守纪律"的道理，岂能有说服力？

前中央电视台著名主持人倪萍在谈起自己的姥姥时说，记得小时候，不小心头碰到桌角，姥姥总是这样"开导"她，姥姥说："桌子没有长腿怎么会走动呢？一定是你磕碰了它，还不快向它道歉？"倪萍说，现在回想起来，姥姥是要让孩子潜意识反省自己。"有时候，家长的身体力行比平时唠唠叨叨的说教还重要！"倪萍说，一些家长当着孩子面接到外面的电话，电话中客客气气和对方说了一通，而一放下电话，马上将对方骂了一通。"这样的行为，事实上，就将平时教育孩子的诚实诚信全部抵消了。"

建言献策

给孩子说理的时候不要总是采取教训的态度，"你必须……""不要……"换种方法，及时对孩子做得不错的地方加以肯定，"上次在姑姑家做客，你表现就不错，这次要再进一步啊。"每个孩子都喜欢听肯定他们、表扬他们的话，及时的鼓励会激发他的上进心，以后再给他讲道理，他也能听得进去。教育，讲究的就是说理。只要妈妈用对了说理方法，把正确的道理说给孩子听，自然会取得很好的教育效果。

谁能帮助我成就健康的孩提心理

人的生理健康是有标准的，一个人的心理健康也是有标准的。美国心理学家马斯洛认为心理健康的人要具备下列品质：（1）对现实具有有效率的知觉；（2）具有自发而不流俗的思想；（3）既能悦纳本身，也能悦纳他人；（4）在环境中能保持独立，欣赏宁静；（5）注意哲学与道德的理论；（6）对于平常事物，甚至每天的例行工作，能经常保持兴趣；（7）能与少数人建立深厚的感情，具有助人为乐的精神；（8）具有民主态度，创造性的观念和幽默感；（9）能经受欢乐与受伤的体验。根据以上理论，综合我国的具体状况和孩子的年龄特点，我们认为孩子的心理健康包括以下6个方面：敢于正视现实、正确认识自己、和谐的人际关系、情绪乐观、意志坚强、反应适度。心理健康的6条标准是相互联系相互影响的，心理健康的孩子，在这几个方面都能够均衡发展，体现心理与行为的协调统一。从家长的角度来讲，培育孩子的心理健康，对孩子的教育要注意态度和方法，要保护孩子的自尊心，满足孩子的合理要求，同时要注意孩子个性和性格的健康发展。

　　某幼儿园邀请一位心理学家给孩子们做智力测试，当时有一个4岁左右的小孩引起了他的注意，那个孩子要比其他孩子高而且长得很壮实的样子。但当他来到心理学家面前时却一直低着头站着不动，老师让他坐下，他既不说话也不动，更不对心理学家的微笑和逗乐做出什么反应，几乎跟一般儿童相反，没有好奇心，也没有需求欲。心理学家问老师，老师说他入园一个多月了，在这里非常听话，不惹事，就是不喜欢和孩子们一起玩，只有放学的时候家长来接他了，他才会像其他孩子一样有说有笑。很明显，这个孩子有一些心理障碍。于是，心理学家约见了他的父母。面谈中，得知孩子的父母都是铁路的职工，平时工作非常忙，所以请了个保姆到家里带孩子和做家务。有一点引起了我们的注意，就是孩子的父母跟保姆特别强调要保证孩子的安全。于是，保姆把这句话铭记在心不敢怠慢，对待孩子非常严格，不准碰一切剪刀类的尖利物品，也不准孩子去任何有危险的地方玩儿。而且"聪明"的小保姆还想出了一个"好办法"：当她开始忙家务的时候，就在地上画个圈，让孩子在圈内玩，不许走出去，一旦孩子不听话出了圈就会吓唬他不让吃饭或者睡觉。很快，这样的一个小孩就被训练得老老实实，"不敢越雷池一步"。孩子父母后来知道了这件事不但没责备保姆，反而认为她把孩子带得很好。当心理学家把孩子的问题告诉父母时，他们甚至不解地说："孩子现在这样不是很好吗？身体健康，也很听话。"从他们的话中可以看出，父母只是从身高体重等生理的角度去看他们的孩子发育正常，却没有意识到孩子心理上的健康。这个孩子的胆怯与孤独都是一种退缩行为的体现，这将严重影响他日后的学习能力和正常的交际能力，长此以往，长大后可能很难适应社会，更严重的话会成为精神病的根源。有资料表明，我国儿童心理疾病的患病率已有很多。

联合国世界卫生组织有句口号是：健康的一半是心理健康！愿父母们能尽早认识到孩子心理健康的重要性，像关心孩子的身体健康那样去关心他们的心理健康。

一、了解孩子心理健康的标准

一个人身心健康才是真的健康，所谓身心健康就是身体健康，心理也健康。儿童心理健康的标准是什么？这是家长必须了解的。对于儿童的心理健康，最近几年国内外有不少心理教育工作者和心理卫生专家共同研究，他们对此提出了初步看法，一般情况下心理健康的幼儿有以下几个特点：性格开朗，情感丰富，智力正常，爱学爱问；行为活泼并且具有自我控制能力；合群并能适应集体生活，同时可以和同伴友好相处。具体说来，他们在生活、学习、劳动以及与人相处等方面，应有如下表现：

（一）情绪稳定且愉快。不经常发怒，不无故摔打玩具与其他什物；生活起居正常，可以按时入睡，睡眠安稳，少梦魇，没有吮吸手指或咬物入睡的坏习惯；基本上能听从父母的合理嘱咐，不会过分挑食、拣穿，不会无理取闹。

（二）求知欲较强。喜欢提问题并积极寻求答案；当学习的时候或者完成能力范围内的任务时，注意力集中，记忆力较好；喜欢说话，语言表达能力与年龄相符，没有口吃情况；生活中对力所能及的事，很乐于自己做，不会过分依赖别人的帮助，对别人委托的事能够认真地完成。

（三）能合群。喜欢和小同伴交往，对人友好且有同情心，不随便打人骂人，没有妒忌心；在集体生活中可以愉快地生活，在成人指导下，愿意为集体做一些力所能及的好事。

（四）诚实不说谎。几乎从不说不符合现实的话；不私自拿别人的东西或损坏别人的东西；做错事不隐瞒且乐于承认错误。有自尊心和一定的自信心。

二、孩子的心理健康状况与家长的教养方式息息相关

家庭里诸多因素都会对孩子的心理健康有所影响，孩子想要养成一个良好的心理素质的前提是有一个欢乐的家庭气氛。有些家庭成员之间尽管对待事情的意见不统一，但是在原则问题上是一致的，生活在这种和谐融洽的氛围里，孩子会在潜移默化间懂得与人相处要互帮互助，懂得合作，对人宽容谅解。这会使他们的思维能力等得到良好的发展，使他们更有安全感，更自觉地乐于接受教育。但是还有一些家庭成员之间要么长期冷战，要么天天争吵，这样的家庭简直就是一座"精神监狱"。孩子生长在这种环境下心理发育会导致畸形，也会效仿家人的做法，对人冷漠，做事偏执，不善于与人合作，甚至把家里的"精神折磨"无端发泄给别人来寻求心理上的平衡。这样的孩子长大后很容易犯罪，也难于管教。

父母先要学会正确处理家庭成员间的关系，说话不能以势压人而应以理服人，以情感人，以德育人，保持家庭和睦，尊老爱幼，谈吐文明，制造一个和谐的家庭气氛，让孩子感受到家是爱的港湾，这样才会有助于孩子养成良好的心理素质。

父母的教养态度主要分为四类：

第一类是专横式教养。强调辈分，强调孩子要绝对服从家长的意

思，若有违抗就要加以惩罚。长期在这种过分严厉的教养态度下，孩子往往会缺少自主权，凡事都要看父母脸色，这样就形成胆小怕事，自卑怯懦，缺乏信心和独立性；或者变得性格暴戾、蛮横无理、撒谎成性、逆反心理强，并往往会在捉弄别人、寻找报复中得到心理上的补偿和平衡。

第二类是溺爱式教养。这些父母对孩子过分娇宠、有求必应，为孩子提供无所不到的帮助。这样的父母，长期、过分的包办代替，容易使孩子养成很强的依赖性，就会表现出自私、任性、放肆、易发脾气、好夸口的品性。每年大学新生入学时，我们都能看到这样的一幕：父母不仅要送孩子到学校，还要替孩子办理各种入学手续、张罗购买各种生活用品，而孩子却在一旁袖手旁观，乐享其成；可是当父母离开后，孩子往往无法忍受独自生活的孤独寂寞，跟新同学也不能和睦相处，更有的学生因此而退学。

第三类是过分放养式。这类父母对孩子放任自流、不管不问。这种忽略型家庭中的儿童，会因为得不到关心、长期缺少父爱与母爱而产生孤独感，逐渐形成冷酷无情，喜欢攻击，显示自我且放荡的不良品格，他们常常会情绪不安，反复无常，容易触怒，对周围的事物漠不关心。生活中，有些父母有很多事要忙，从而忽视了孩子的想法和成长，这一定要引起重视。

第四类是民主教养式。这类父母以民主、平等的态度对待孩子。这类家庭中充满了包容、平等、随和谅解、互相爱护和关心，父母多是鼓励和引导孩子，对子女的缺点、错误也能恰如其分地批评指正。这样，孩子有什么事也会坦诚友好、自尊、自立、大方、热情，能接受批评，承受力较大，关心他人，有独立处事的能力。

父母是孩子的启蒙老师，他们的言行教养和教育的方法对孩子的心理和行为有最直接的影响。孩子有良好的行为习惯是父母教导有方的结果，反之，性格缺陷，行为不良也和家庭关系离不开。

建言献策

　　不同的教养态度对孩子的个性品格、心理素质所形成的影响也是不同的。父母是孩子言行举止的示范者、待人接物的指导者、孩子成长的责任人，因此父母有责任去构建良好的家庭环境，掌握正确的教养态度和方法，使家庭呈现民主、和谐、平等的融洽气氛，这样才能培养孩子对事负责、勤奋学习、不骄不宠、自尊自强的好品格。

孩子的想法，还是他自己讲出来的真实

我是女孩子，我的心事爸爸不知道

在某一个阶段，父母们可爱的女儿进入了青春期。于是似乎在突然之间，曾经那么活泼开朗的女儿变得总是闷闷不乐，平时喜怒无常、神神秘秘，情绪波动很大，甚至还有一些自恋。那个甜蜜温柔的小公主变得刁蛮任性，成了家里"最难对付"的人——她有一颗脆弱而骄傲的心：一方面表现出强烈的自尊，为一点小事就感觉受到伤害；一方面又经常陷入矛盾中，举棋不定，还容易受到外界的影响。母亲凭借着女性的本能，能了解到女儿的心事，但对于多数父亲来说，这可真是一段难挨的时光——我们的小公主不再与父亲亲近，常常一个人躲起来，其实，此刻女孩也不轻松，她的心里也充满了疑问：为什么我的身体会有变化？我会变得难看吗？我会变胖吗？别人会怎么看我？我应该怎么办？我应该说出心里话吗？这会不会打乱我们的关系？他们喜欢我吗？……

这个阶段的女孩呈现出以下几个特点：

（一）经历月经初潮

月经初潮往往是女孩的成人仪式。在中国，女孩的平均初潮年龄是 13 岁左右，但相当一部分十一二岁就来了。月经初潮标志着女孩要对童年说再见，进入成熟的女性时期，然而这个转变并不简单。女孩对此看法也各不相同，有的女孩认为这是值得自豪的事，有的却认为这很羞耻，也有的女孩持无所谓的态度。但这也是家长担心的：宝贝女儿会怎么看待这种变化呢？她是否可以接受自己的这个变化呢？这对于青春期的女孩是一个很重要的问题。

（二）情绪多变

青春期的女孩是猜不透的，她们情绪多变，刚刚还是万里晴空可能转眼就乌云密布。但如果事情变成自己期望的样子或者有人赞扬她，或者发现了自己的优势，她的坏情绪可能又立刻消失了。父母也常会感到女孩子的情绪多变，难以控制。对此，父母可以悉心教导，言传身教，有了父母的教导会帮助她们尽快度过这个情绪多变期。

（三）迷恋异性

这个时候的女孩还会开始迷恋一些异性，迷恋的对象可远可近，可能是身边的老师、同学、朋友，也有可能是明星偶像等。看似不正常的行为实际上对青春期女孩来说很重要，这种行为的展现满足了女孩对完美的渴望。

一、协同母亲引导女儿顺利度过人生的重要阶段

青春期的身体和心理的变化，女儿一般羞于向爸爸提起，聪明的爸爸可以与妈妈协同"作战"，观察到孩子的情绪变化，联合妈妈给孩子打好"预防针"，提早将这些"公开的秘密"告诉女孩，告诉她这件事的意义，以及做好相应的身体和物质上的准备。与母亲与孩子

的"亲密无间"相比，父亲与孩子在相处中存在着一定的距离感，因此，在儿童性别角色发展中，不论是对男孩还是对女孩，父亲的作用似乎更大一些，因为父亲与孩子的距离使孩子在与父亲的交流中渐渐意识到自己的性别身份。父母亲在孩子的成长上应该多沟通，达成一致，不要依赖学校教育或者认为孩子自发自觉地"无师自通"，因为也许孩子接收到的信息是不精确和不完整的，一旦出现这种情况，会给孩子带来不必要的痛苦，我们应尽量避免。

二、正确对待女儿的"迷恋"行为

女孩子的迷恋行为一旦很狂热会很令父母担心，怕她的感情被人骗，怕她因迷恋对象的缺点而盲目地否定自己，也怕她真的付出感情而受到伤害。实际上，女孩子的这种迷恋行为是成长过程中非常正常的一个阶段现象，这种行为往往会给女孩留下受伤害或幻想破灭的记忆，当她们长大回忆起会觉得天真幼稚。对待女孩子的迷恋行为，父母要耐心对待，理解她们，万不可妄作评断或给予嘲讽，这样才能让女孩子看清现实情况，并能分清理想与现实，也能承受住失望和一些伤害。

一位爸爸这样讲述女儿崇拜偶像的经历：

我的女儿佳佳在她14岁那年，忽然迷恋上了她好朋友的哥哥——一个正在读大学的男孩子。每个周末她都会想着法子去找好朋友玩，目的只是想更接近她迷恋的男孩子。我很不喜欢她的那个偶像，因为他吸烟、喝酒、打架，而且根本不像个学生。但我的女儿当时看不到这些，她只能看到他完美的一面。我并没有刻意阻止女儿每周末的行为，而是想让她自己发现真相，一次偶然的机会，佳佳竟发现她的偶像是个酒鬼，而且时常喝得烂醉如泥。发现了这些之后，女儿回家后大哭了一场，并且随后的几周总是一个人待在房间里，但最终时间让她恢复了往日的欢笑。我真庆幸，佳佳仅仅是情感上受到了一定的挫折，而没有造成更严重的后果。

建言献策

　　对任何一个家庭来说，对于女孩的教育，父亲的作用绝非是可以忽视的，而且只有父亲与母亲合作，互相取长补短，才能保证孩子健康地成长。

我是男孩子，我的心事妈妈不懂得

　　许多母亲凭本能就知道女儿的心思，但是却觉得儿子难以理解。的确，从生理上来说，由于男女生理结构及头脑发育等方面的差异，男女会体现出很多不同。男女在出生时的体形就有差异，男婴平均比女婴重 10%，这就造成男孩生来就比女孩更健壮。另外，男孩的男性荷尔蒙要比女孩的女性荷尔蒙高，因此，我们发现男孩的精力更旺盛，而女孩则大多显得更安静。在女孩大脑中负责处理复杂感情（比如忧郁或幻想）的区域更发达，相对而言，男孩的大脑中负责处理简单感情（比如愤怒）的区域更发达。正因为如此，女孩通常会表现得更加善解人意，甚至在很小的时候就会把问题考虑得很周到。相反，男孩更容易在斗争中被激怒，表现得更加直接和对抗，他们经常会放弃口头表达而选择肢体动作来解决问题。

　　男孩与女孩，最明显的是性别差异，父母因此要因材施教，根据男孩子的成长特点和心理特点进行不同的教育。尤其是母亲，要善于理解儿子，不要认为孩子的粗放顽皮和暴力幻想是不正常，而要设身处地为孩子着想，读懂孩子的心声。

一、母亲要学会理解男孩不受控制的天性

好动、喜欢冒险是男孩的天性，男孩好像是天生就喜欢冒险，不带有任何理由。他们需要广阔的空间和自由的行动来满足自己好动的渴望。一个刚刚学会走路的男孩，他喜欢从上面的地方往下跳。他喜欢把自己藏起来，让全家人找不到他。他会尝试所有没吃过的东西，不管是否是食物，甚至是药片，他都会往嘴里塞。他喜欢玩火，喜欢玩小刀。他会故意惹怒老师，看到老师很生气的样子，他会表现得很开心。当男孩长大，有了自己的玩伴之后，他还会喜欢上一切富于冒险性的事物，他们喜欢玩滑板，喜欢去郊外的山谷蹦极，喜欢在海上扬帆滑翔，甚至会热衷于飙车！有一位儿童心理学家说得好：任何一个男孩，在他小时候一定或多或少受过外伤，如果一个男孩在小时候没有受过伤，那简直是个奇迹。也许正因为如此，古希腊的哲学家柏拉图写道："在所有的动物之中，男孩是最难控制对付的。"男孩的冒险，是一种天分，需要妈妈用几分欣赏的眼光来看待。大多数的男孩为了冒险，甘心被摔跤，被挨打，这样的一种勇敢精神也是值得肯定的；他们喜欢搞破坏，会把电动汽车拆得乱七八糟，这种创造能力也很值得肯定的；他们也许是为了自己的朋友，通过打架的方式来替朋友讨回公道，最后总是伤痕累累，这样的正义感也很值得肯定。既然对男孩的行为感到无可奈何，那就来欣赏他吧。因为男孩除了冒险之外，还有一股英雄情节，这一点让喜好冒险的男孩显得尤为可爱。男孩天生是个"小冒险王"，他们崇拜英雄，喜欢竞争，这是他们的

天性，因此对于孩子的破坏和"英雄"行为，母亲要从他们的天性出发去理解，去引导，而不要一味责备。

二、母亲要学会与男孩子谈心

男孩子有了心事，更倾向于自己解决问题，不愿与家长沟通。这就很容易使母亲错过教育男孩的机会。妈妈们有时会注意到，儿子有时候显得很烦恼。但他看到她关怀的眼神，什么都没说，擦肩而过，径直进了自己的房间。如果女孩子生气或有了烦恼，可能会扑进母亲的怀抱，哭诉自己的心事。男孩子则一般自己想办法解决问题，而不愿显得"娇气"。对待男孩子这种比较"内向"的表现，母亲应主动和男孩谈话。当然，我们不能直愣愣地问孩子，是不是有心事，因为这不是男孩子的表述方式，他很可能就答复您短短的一句话："没有什么。"母亲可以先从一些非常特殊的问题问起，使得沉默不语的男孩开口说话。比如，"最近的体育课，你们学习了哪些技巧？"这样的问题，比较容易让男孩打开话匣子。一位心理学家指出："一位帮着儿子修理自行车的母亲，在随意交谈中了解的情况，可能比在饭桌上当面质问了解的情况更多。"如果孩子不愿意谈起令他烦恼的事，最好在参与某项活动中婉转地接近话题。

建言献策

对于孩子的性别教育，父母要采取合理适度的方式。千万不可以嘲笑男孩子哭，也不要批评女孩子性格风风火火。只要他们有值得肯定的好品质，父母都要给予鼓励，鼓励女孩的勇敢和细心，鼓励男孩子的温柔体贴，使其人格更好地发展。

给我的爱，你们有条件吗

当我们的孩子来到这个世界，我们就要忘记孩子出生之前我们对他的所有期待。即使他在很多方面不符合你们的想象，或者你原本期待的是个男孩，或许她到来得比你预想得要早，因而显得尤为脆弱；或者已经查出具有某些先天生理障碍。人可以改变世界，但无法拒绝命运的赐予。父母们在孩子出生的那一刻被爱所征服。他们从来没有想过，这个小生命可以让他们迸发出那么多的爱。每当看着孩子时，他们会惊讶于自己的内心充盈着一股原始而深刻的力量，如波涛般翻滚不休。但是当孩子慢慢长大，父母对于生命，对于爱的敬畏会慢慢被劳累所磨平，渐渐忘记了爱的原本和忘我，变得严格而苛求，告别想象中的孩子，无条件给孩子安全和照顾是每位为人父母者所必须要做的事情。

一、无条件的爱让孩子感觉到安全

爱孩子，同等地爱，无论孩子是否达到了你想象中的样子，无论他是学业优等或是困难，无论他让你感到荣耀还是丢脸，都一样地爱他、支持他，因为他需要你，需要你充满爱意的抚摸，需要你的喂养、你的照顾，需要你经常和他的互动，因为你知道这样能让他开心。爱是一种充满艰辛的劳动，同时也是充满深情的行为，需要忘我，需要纯粹，正是在这样的爱的沃土中，孩子内心善的种子会发芽、成长，在这样的环境中，孩子的心理会得到最需要的安全。无条件的爱具体要怎样表现？我们给大家提供了一个案例：

期中考试的前一天晚上。孩子来到我身边，问我："妈妈，我要是考了95分以上，你和爸爸能给我买一个变形金刚吗？"我答应："可以。"他回到房间，我忽然觉得有什么不对：考95分以上买玩具，95分以下就不买玩具，是不是意味着父母因为孩子的学业成就不同，爱就有了分别呢？我停下来，走到他的房间。他睁着眼睛，躺在床上，望着我，说："妈妈，明天考试，我好紧张。"我说："宝贝，我收回刚才的话。你在生日和圣诞节的时候可以挑选自己的礼物。圣诞节快到了，那时候你如果还想要变形金刚，爸爸妈妈会给你买，我们不根据成绩买礼物，好吗？你考什么样，爸爸妈妈都一样爱你。多少分都没关系，认真做就好。睡吧。"孩子静静地闭上了眼睛，睡去。

二、无条件的爱，会使孩子感觉到温暖，进而回馈父母

在孩子的世界里，爱是最可贵的，也是建立信任的基础。大家都知道孩子需要妈妈的爱，当孩子感受到无条件的爱和支持的时候，他内心的感触是我们作为成人都不一定能体会到的，孩子和父母之间，不只是单向的父爱母爱的传递就够了，还需要爱的双向接力。无条件的爱具有生长性，它能让孩子体会到爱的细微和希望，会用自己的行动来表达对父母的感激和对生命的感动，尽管孩子的爱心在大人眼里显得有些幼稚可笑，它或许不像拿到满分、拿到奖状那样现实，但却是人生路上的丰碑，也是爸爸妈妈辛苦付出后得到的最殷实的收获。

嘉良上幼儿园中班的时候，有一次周日妈妈突然发起了高烧，家里只剩下妈妈和嘉良。嘉良先是从抽屉里翻出了退热贴，跑到妈妈身

边，仔细地把退热贴贴到了妈妈的脑门上，然后又跑去厨房倒了一杯温开水给她。等爸爸回来之后，小家伙又急忙接过爸爸手里的药，打开后把白色的药片递到了她的嘴里，说道："妈妈，你生病了，让我来照顾你！"

儿子所做的这一切，让嘉良的妈妈"受宠若惊"，但她很快欣然接受了孩子的好意，因为妈妈自问对孩子是无条件呵护和照顾，平时给孩子树立了无条件爱的榜样，而孩子也因为可以向妈妈表达爱而感到心满意足。这是多么让人动容的孩子与父母"相爱"的景象呀！

建 言 献 策

其实，真正的爱是不计较的，尤其是对于孩子的学习成绩不那么理想的时候，正是考验家长对孩子爱的时候，家长可以向孩子表达自己的爱与支持，用行动和孩子站在同一战线，一起迎头赶上，这样对于孩子的帮助会更大。

别让我觉得你们是毒蛇猛兽般的父母

有一年的六一儿童节之前，记者到小学采访，问孩子们对爸爸妈妈的印象，有小朋友说是老虎，有的说是狮子，有的说是毒蛇。记者十分不解，一问原因，原来是因为家长张牙舞爪，表现得凶神恶煞的时候像老虎、狮子等猛兽，而连蹑手蹑脚进孩子房间监视孩子是否在做作业时都像毒蛇等阴沉的动物。在佩服孩子们想象力的同时，我们也不得不承认孩子说得有一定道理。但有的家长觉得委屈，他们认为，如果我的声音不提高到这种程度，不吓吓他们，孩子就不听。结果孩子就把你评价为像毒蛇猛兽一样的爸爸和妈妈。这样到底是谁比较吃亏呢？其实孩子眼中"毒蛇猛兽一样的爸爸妈妈"完全可以换作另一副让孩子欢喜的面孔，在皆大欢喜中让孩子健康成长。

一、多一点引导，少一点控制

控制是隐藏在每一个有思想物种体内与生俱来的本能，人是最严重的。在家里，父母永远都想控制孩子，初衷是对孩子的爱，这爱可以创造伟大的亲情，也可以创造家庭的不幸。因为，很多父母借助"爱"的名义来控制孩子：监视孩子什么时候做作业，什么时候该做什么事情，这样的控制，会让孩子觉得失去自由，作为父母，我们应该克制自己的控制欲望。如果妈妈对孩子的控制欲比较强烈，建议妈妈首先应该把心态放平和。对孩子有期望是好的，但不要在孩子面前时时处处表现出来，不要急躁，有时候按照对的思路去做了，一时没看到成效，也不要太着急，继续做下去就行了。多给孩子一些时间和空间，可以站在较远的地方去观察。每个孩子都应该顺其自然地成长，不应该被教导得脑子里都是一些条条框框，父母也不可以强硬去改变他们，而是多给孩子提供一些外部环境，正确地诱导孩子。

二、永远用温和的态度对待孩子

温和、积极而坚定，是父母对孩子的教养态度，因为只有这样，孩子的自尊、自信、自主性、意志力等才能得到良好发展。父母在和孩子交流的时候，注意不要信口开河。在每次对孩子讲话前要经过一番理智过滤，不能信口开河，不要啰唆，比如说，规定孩子做好作业再开饭，但有的妈妈怕孩子饿肚子，在孩子做作业的时候过去问他："你饿不饿？快做快做，饭都凉了。你还想不想吃饭？"不要事事叮嘱，叮嘱时要有明确的目标。妈妈要对孩子的学习、生活进行一些管理、指教。在对孩子有要求时，要尽量用简洁的、孩子听得懂的语言，把事情的前因后果讲清楚，并提出具体的建议、指导，让孩子真正明白妈妈的意思，并允许孩子对此提出自己的意见和想法，然后再去做。在孩子达不到要求的时候，不要生气，要注意控制自己的情绪，从孩子的角度出发，用温和的态度对孩子讲清楚问题的后果，让孩子认识到自己的错误，当然还可以用温和的语气进行适当的批评。有时候，父母因为一时过于激动，控制不了自己的情绪，打断甚至不听孩子的解释，就对孩子采取训斥或粗暴的打骂。没错，父母大声呵斥也许会令孩子表现得更为听话和服从，但时间一久会让父母逐渐没有办法控制局面。

建言献策

　　父母别只盯着孩子的缺点。很多父母，眼里只看到孩子的缺点，总是翻来覆去地说，却绝口不提孩子的进步。其实，绝大多数孩子已能分辨是非善恶，只是缺少改正缺点的自觉性和毅力。如果此时还有人在旁边喋喋不休地数落自己的缺点，反复教训自己，"我讲话你就是不听""怎么说你才能改呢"，这样的态度，孩子会视为不信任，甚至产生逆反心理。

我们可不可以没有代沟

代沟是指两代人因价值观念、思维方式、行为方式、道德标准等方面的不同而带来的思想观念、行为习惯的差异。随着孩子的成长，孩子的依附性减弱，独立性增强，父母和孩子两代人在对待事物的认识上产生一定的距离，代沟便自然而然地出现了。孩子因为社会经验浅，无法理解，因此认为是父母不了解他们，不愿向家长诉说，甚至以不满、顶撞、反抗、违法等方式试图摆脱成人或社会的监护，以自己的方式行事，坚持自己的理想和判断是非的标准。其实，家长们完全可以通过沟通，通过了解代沟的成因和形成来将代沟造成的断裂的心理联系接续起来，从而达到交流的顺畅和相处的和谐。

形成代沟的原因有很多，父母和孩子在生理、心理、社会发展、社会角色等方面都存在的差异让代沟的出现成为必然，所以说代沟是客观存在的，不可能完全消除，但是却可以通过家长和孩子的共同努力，让代沟消弭。家长们可以做以下的努力：

一、承认代沟的存在，用沟通和尊重来弥补

面对父母与孩子之间存在的代沟，爸爸妈妈们不要回避，面对问题，迎难而上，问题才能迎刃而解。生活中的代沟，其实可以不必计较，而思想上的代沟，需要在沟通中进行碰撞，在碰撞中取得个性的共振。直面交谈是最好也最直接的沟通方式，父母要多找机会创建一些谈话情境，营造愉悦的气氛，然后多与孩子"以心换心"；当然这种面谈的前提是必须尊重孩子，而且要以平等的朋友身份参与其中。给孩子

创造宽松和睦的环境，不能按自己的好恶和标准来评价孩子，更不能以封建家长制的居高临下的口吻来对待孩子，因为这样会产生抵触和逆反的情绪，更加不利于沟通。

二、求同存异，与时俱进，和孩子一起成长

孩子们凭着对新文化的敏感、认同以及接受能力的优势，无论在信息或者把握潮流等方面都必然会走在父母的前面。对此，父母应主动学习、与时俱进，及时调整自己的角色，力求与子女建立共同语言，做孩子的"知心好友"，共同分享孩子的喜好，这样才能建立起良好的沟通渠道。如果两代人之间的某些差异极难协调，那么父母就该求大同、存小异，理解、尊重子女的生活习惯、兴趣爱好，绝不可将自己偏爱的某种模式强加给对方。有一位母亲通过写信的方式与青春期的孩子沟通，让孩子感觉到了心灵的相通。

有一个妈妈给他的球迷儿子写信说："我一直觉得足球很无聊，不过是一堆人争夺一个球而已，可是你却可以为了看球废寝忘食，这样我很不理解；其实我知道你常常定闹钟到半夜起来看英超、看意甲联赛，而且怕吵醒我们尽量放低音量。但是你这个铁杆球迷看到进球或者精彩的地方那禁不住的喝彩还是打扰了我睡觉，所以我那时候总想对你发脾气。但某天我想着想着就突然很想搞明白足球哪里吸引你呢？那么疯狂的喜欢的感觉，我也想要试一试。"

看到这封信后，儿子也很惊奇，心里想道：这简直是奇迹啊！不是曼联的奇迹，是我老妈的奇迹，她从前那么反对我看球现在竟然疯狂喜欢上了，每天抢着看足球新闻，坐等球赛，时刻关心小贝的动态，

C罗的情况。当我们都喜欢的齐达内赢了比赛的时候我们快乐地去庆祝，这时我感到老妈和我竟然心灵相通了。我们以后可以一起分享这种快乐啦，真是太好了！

建言献策

　　不要指望能彻底填平代沟。代沟也有其积极的一面，它是社会进步的产物。它需要家长采用恰当方式，运用智慧，与孩子和睦相处，让孩子健康成长。

这些话你说过吗

　　教育孩子，是一个复杂而系统的工程，孩子知书达理，健康成长，需要家长的不懈努力和付出，需要家长从日常的细节开始做。该说什么，不该说什么，都要思量。在《窗边的小豆豆》这本书中，校长小林先生对作者说过一句话："你真是个好孩子。"正是这句看似普通的话，改变了作者的一生，她从中获得了弥足珍贵的肯定和鼓励。而类似的例子也是数不胜数。

　　小彰，小学三年级的学生，他很努力学习，最后考了全班第二十一名，但他的同桌好像轻轻松松就考了第一。小彰回家后，问："妈妈，我是不是比别人笨。我觉得我已经很努力了，可是，为什么我总比他考得差？"妈妈真想告诉他，人的智力确实有分别，考第一的人脑子就是比一般人灵。但她知道，如果说了，孩子也许就此认为自己是个愚笨的人。为了让孩子能平复受伤的心灵，母亲带他去看了一次大海。在旅行中，这位母亲回答了儿子的问题。她指着海上的海鸥和灰雀对儿子说，你看那些在海边争食的鸟儿，当浪打来的时候，小灰雀总能迅速地起飞，它们拍两三下翅膀就飞入了天空，而海鸥总显得非常笨拙，它们从沙滩上飞入天空总要很长时间，然而，真正能飞越大海横过大洋的还是它们。小彰很受鼓舞，一直不断地努力，终于以第一的成绩考进了重点中学。

父母们，看了上面的案例，您是否想到了什么？仔细想想，我们是不是在言语中选择孩子最喜欢听的话说给他听呢？我们说的话里面是不是有让孩子受到打击，受到刺激的话呢？这需要我们在每日的言行里去检查和反思。

一、激励孩子的话，可以多说

人是感性的动物，喜欢被爱，喜欢被理解。孩子尤其如此，因此，激励和赏识对于孩子特别有效果。中国的家庭教育里面，对孩子责备和苛求比较多，其实对于心灵如玻璃般透明易碎的孩子而言，在这样的家庭氛围里长大，是需要有强大的心理承受能力的。孩子的心如水晶般透明，其实更需要我们的呵护与赏识。现在媒体对于中国人幸福感的调查如火如荼，但是调查的结果莫衷一是，大多数人对此感到茫然，这正是压力之下的枯萎和潜能无法发挥的抑制的表现。对孩子来说，他的世界很广阔，需要家长们用赏识，用激励去激发一个人内心深处的潜能。每个孩子都有巨大的潜能，家长要做的就是激励孩子，让孩子发现自己的价值，给他们表现自己的机会。比如，我们可以在孩子做得好的时候表扬他："做得好！""进步很快！"也可以在他想出新方法的时候说："好主意！""你的想法真是太奇妙了！""真是聪明的孩子！"这种肯定和赞赏会像植物的根一样，扎得越深越广，结出的果实也就越大。家长们可以针对孩子做的具体事情进行表扬和赞美，不断变换内容，有新鲜感，孩子更易接受。为人父母的朋友们可以多看看关于赏识教育之类的书，相信一定会深受启发，受益匪浅。

二、打击孩子的话，您尽量不要说

我们常听一些家长当着自己孩子的面表扬别的孩子好，说自己的孩子如何如何不好，家长说起来很随意，谦虚也许是中华民族的特色之一，但是家长却没有想过，这样的言行对孩子自尊和自信的杀伤力是致命的。因为他的爸爸妈妈告诉他，他如何如何不好，如何如何不如另外的孩子，他在自己的潜意识里会认定自己糟透了，连最亲的人都这样说，他将来怎么可能有信心去勇敢地接受挑战，取得成功呢？其实每个孩子的心灵都是比较脆弱的，他们希望得到父母的支持和理解，往往一句鼓励就能大大增加孩子的信心，相反，一句呵斥出口可能就使他们的心灵受到了很大伤害。父母绝不应该轻易地否定自己的孩子，也不要怀疑他们的能力。在必要的批评时，万不可用"呆、傻、坏、笨"这些字眼儿，这对他们来说是一种严厉的判决，把他们画为了"另类"，这样他们无论在家里、学校里还是其他环境里都会与其他人格格不入，长此以往，孩子们的心灵世界将是一片灰暗。

小军是小学三年级的学生，有一次举手回答问题，刚站起来，答案到嘴边，忽然忘记了，这时候，老师说："你有毛病吗？不会怎么还举手？"小军当时羞愧得恨不得找个地洞钻进去，自尊心、自信心受到很大打击。从此她再也没有主动举手回答过问题，而且主动参与集体活动的热情锐减，个性也慢慢变得内向。

建言献策

一次刺激，对孩子敏感脆弱的心灵产生的负面影响，很久都难以消除，甚至会记忆一生。为了给孩子的心灵留下一份快乐的记忆，请不要对他们说"傻、呆、笨、坏"等恶性评价的话，也不要对他们冷嘲热讽。

小心别因你，让未成年的我有了暴力倾向

攻击性是人类的天性之一，很多家长认为孩子在青春期的暴力思想最为严重，因此，他们认为这个年龄段孩子的家长应该格外注意孩子们的举止。而研究发现，两岁左右的幼儿是攻击意识最强烈的一个群体。两岁宝宝最容易发怒，与青春期的男孩或女孩相比，他们有过之而无不及。孩子在两岁造成的伤害有限，但是如果父母不及早对孩子进行情绪教育，控制愤怒，孩子长大以后，很容易有暴力倾向。

有一个笑话：儿子犯错，被父亲痛打一顿。母亲看不下去，一边护住儿子，一边责骂丈夫为什么打得这么狠，父亲回答：以前我爸也是这样打我，我终于可以出气了！这虽然是一个笑话，但是却告诉我们暴力倾向是可能在耳濡目染中"传染"的，孩子天生具有超强的模仿能力，借此认识世界。如果父母长期吵架甚至是打架、父母对孩子施行语言和肢体的暴力、父母让孩子经常观看和暴力有

关的动画片和电影，都会让孩子变得暴力。因此，家长们尤其是有暴力倾向孩子的家长们一定要尽早清醒过来，及早纠正孩子的坏习惯。

父母要特别注意，孩子暴力倾向最开始的表现往往是我们容易忽略的：喜欢摔东西，蹂躏小动物，打别的小孩子，揪别人头发或咬手指，等等。为什么小小的孩子就出现暴力的"基因"呢？首先我们理解，暴力是孩子自卫的一种方式，有可能是因为自己被欺负，他在全力维护自己的利益，这是人类的一种本能。暴力还有可能是孩子在语言表达能力有限的条件下，选择咬人或是打人，来发泄自己的不满情绪。

如果孩子出现了暴力行为，家长们应该如何应对才能消除他们的暴力倾向呢？我们又该如何杜绝孩子出现暴力行为呢？我们给家长列出以下几条建议：

一、父母不要当着孩子面吵架打架

孩子心目中唯一温暖的庇护所就是家庭，他们希望家庭中始终充满爱。当孩子一旦发现父母开始吵架的时候，就会觉得这个家庭不再温暖，如果父母动起手来，更了不得了，这个庇护所要被毁灭掉，就会失去基本的安全感。虽然夫妻吵架拌嘴对大人不一定会带来多大的伤害，但是父母的表情就足以让孩子的心灵蒙受创伤。根据调查显示，有 85% 的宝宝最怕的就是父母吵架。如果一个孩子长期在充满冲突的家庭中生活，容易变得退缩、自卑，与人交往时往往不自信、不主动，不能很好地与他人建立信任关系，容易陷入人际交往的障碍。

夫妻之间，可能没有不吵架的，有时候是原则问题，有时候是鸡毛蒜皮的小事。当夫妻成为父母之后，吵架就不只是两个人的事情了，因为在我们的身边多了一个需要呵护的孩子，当着孩子的面吵架打架，这是在任何情况下都应该避免的。如果吵架升级变成打架，当孩子习以为常了以后，会觉得暴力是爱的表达方式之一，慢慢也会成长为暴力宝宝，对于这点，任何父母都不愿意看到。

一对小夫妻两人吵架了，声音都不大，但是家里的气氛很不好。这时，他们一岁半的小儿子慢慢地走了过来，抱抱爸爸的腿，又抱抱妈妈的腿，眼里含着眼泪，脸上全是恐惧的表情。后来，小夫妻没有控制住火气，又一次吵起来，甚至摔起了东西，儿子慢慢适应了，不再恐惧和不安，面对他们吵架，平静地玩自己的玩具，只是妈妈发现，在没有人的地方，宝宝泄恨似的使劲掐和摔这个新买的木偶玩具，表情和爸爸妈妈的一样。直到这个时候，夫妻二人意识到原来吵架对孩子的心灵产生如此大的影响，父母的心情和表情足以让一个孩子幼小的心灵感到不安和恐惧。同时他们也悔恨让宝宝沾染上了暴力解决问题的"恶习"。

二、关爱孩子，教会孩子控制自己的情绪

让宝宝远离暴力，关爱宝宝是最根本的。如果家长能在日常生活中满足、理解、尊重孩子的情感需要，培养孩子的关爱和仁慈之心，可以从心理上防止、克服孩子暴力倾向的形成。孩子在年龄小的时候出现的攻击行为大部分属于一时冲动，有时候是缺乏社交技巧，有时候是不懂控制情绪，因此家长应该及时教给宝宝良好的人际交往技巧，教宝宝运用多种方式来化解困境。同时帮助孩子逐步战胜情感刺激，使孩子有稳定的情绪，能与周围环境相适应、融合。

建言献策

　　作为父母一定要起好带头作用。家长也要为自己找个发泄情绪的出口。找些和自己面临同样问题的同龄人聊一聊，不仅可以一吐为快，还能交流心得。国外就有这样的家长沙龙、网络群月来让家长们交流，不妨效仿一下。

孩子的意见，父母应该给予尊重

不喜欢的事情为什么一定要我去做

人生在世，有很多无奈的选择，有很多不得不做的事，即使是孩子最亲爱的爸爸妈妈，也依然要强迫孩子做些不喜欢的事情。就拿吃饭来说吧，有的孩子不喜欢吃肉，有的孩子不喜欢吃青椒，不喜欢吃茄子，但是为了营养均衡，总得让孩子吃。吃饭还是小事，还有很多关系到孩子成长和前途的事情，比如说，孩子不喜欢上学，但是在我们国家现在的条件下，不上学能自学成才或者家长自己教成才的人少之又少，不可能让孩子不去学校。有句话说成功很难，可是不成功更难；成功难指的是成功的过程很难，而不成功的难指的是一辈子可能都要与不断出现的问题较劲。虽然孩子是自己的心头肉，但还是要逼孩子做一些他们不愿意做的事，说是逼，其实也是有技巧的，对孩子不喜欢做的事情，我们应该如何应对呢？

一、抓住问题的本质，确认孩子不喜欢做的事情是否必要

家长们都希望儿女成才，在儿女的智力投资上不惜一切，做很多

不必要的事情，孩子不喜欢，压力很大，但是家长觉得是为孩子好，一直坚持下去，还有些父母节衣缩食，给孩子上各种特长班，为的是让孩子有特长，不要输在起跑线上，但是孩子的特长是什么？他真正喜欢的是什么？很多家长对此很盲目，看到别人家的孩子上这个挺好，就直接送自己的孩子过去。想到一个什么东西好，就想给自己的孩子试试，完全没有想过孩子的喜好和个性。孩子没兴趣学习，父母只是管教去强迫他们，这样孩子是更学不好的。没有天赋，没有兴趣，即使技能学会了，那么永远只是掌握了技能，不可能有未来的发展性，不但达不到特长教育的目的，反而伤害了孩子对于真正的艺术的理解，然后严重影响到孩子对学习、对生活、对父母的态度，是得不偿失的。日本著名的小提琴家、音乐教育家铃木镇一的父亲就深谙抓住问题本质的道理，让铃木选择了自己喜欢的小提琴，成就了一代艺术家和教育家。

　　铃木镇一是日本著名的小提琴家、音乐教育家，铃木镇一的父亲在铃木上学时，这样对他说，"我不对你要求太高，只要你每门功课考 60 分就行了"。当时日本的升学竞争非常激烈，所有的家长都关心孩子的学习成绩，父亲的话让铃木非常诧异，因为分数的压力使得他自己都认为必须取得好成绩才行。"60 分怎么不可以呢？"爸爸反问道，"60 分就代表及格了，及格就表示合格了呀。你想啊，工厂的产品合格就可以出厂了。既然你已经合格了，你就没有必要再在这些方面浪费你的精力了。考了第二名还非要考第一名，考了 90 多分还非要争 100 分，考了一次 100 分就非要次次都考 100 分。我的孩子啊，求知是人世间最大的欢乐，倘若你总是把精力放在考试的分数上，求知不就变成一种无尽的苦难了吗？"听了爸爸的话，铃木一下子感觉轻松了很多，可是又感觉有些不妥，便忍不住问道："爸爸，如果这样学习就太轻松了，那么空闲的时间该做什么呢？""至于其他的时间嘛，你就牢记爸爸的话：其他时间用来博览群书，把求知的欢乐还给自己。"爸爸的话像一枚大钢印，深深地印在了铃木的心里。从此，铃木便按照父亲的教导，不再把全部的精力花在做功课上了，学习成绩保持中等。他把剩下的时间都用在了课外阅读上，因此，他读过的课外书是全班其他同学的十几倍，并且从中体验到了其他同学都没有体验过的学习的无穷尽的愉悦。他还在父亲的鼓励下选择了自己喜欢的小提琴学习，十几年坚持不懈，终于成为了日本著名的小提琴家和小提琴教育家。铃木后来对自己的学生说："看问题要看本质，科科考 100 分不代表着如何如何厉害，人应该把精力和能量放在自己擅长而且喜欢的东西上面。"

二、对孩子不得不做的事情，家长可以利用普雷马克原理

对于孩子不得不去做的事情，教育心理学上有一个很著名的普雷马克原理（Premack principle），可以帮助爸爸妈妈来应对这个令人头痛的问题。普雷马克原理是怎么回事呢？通俗一点来说，就是用孩子喜欢做的事情来做强化物，强化孩子不喜欢做的事情。因为从心理学上夹说，为了能做一件我们喜欢的事情，我们会愿意去做另一件不喜欢的事情。实际操作中，遇到孩子不喜欢做但必须做的事情时，我们可以这样对孩子：首先要完成不太喜欢做的事情，才可以去做喜欢做的事情。朱女士就是这方面的高手：

朱女士刚满 3 岁的儿子迷上了吃零食，巧克力、薯片、QQ 糖等常常抓在手里吃，结果到了吃饭时间，往往饭菜吃不了两口。朱女士曾经

尝试过不给他吃零食，可他总是大哭大闹，弄得家人、朋友反而都来劝说，甚至背着偷偷给他吃零食。弄得朱女士进退两难。后来朱女士给儿子定下规则：必须先吃好饭（不太喜欢的事情），才能吃到零食（喜欢的事情）；如果不吃饭，就没有零食吃。并且严格实施这一规则，也说服了家人、朋友和自己坚守规则，开始几天，孩子也在哭闹，朱女士监督着，让所有的人绝不能"屈服"于孩子的眼泪和吵闹。孩子闹了几天，见到没人可怜他，为了吃到喜欢的零食，只好乖乖吃饭，经过 3 个月，终于形成了良好的吃饭习惯。

建言献策

　　需要特别提醒家长，普雷马克原理的使用是有一定限制的，首先普雷马克原理不能倒过来用。例如，你不能告诉孩子："如果你能保证好好吃饭就可以先吃零食。"因为这样的后果常常是孩子继续吃零食不爱吃饭。其次普雷马克原理的使用要有节制。过犹不及，普雷马克原理使用过多会使孩子在做不喜欢的事情之前，都向父母讲条件，影响自控能力的发展。

我来到这个世界，不是为了你们没完成的心愿

　　孩子们总会觉得梦想是有无穷的魅力，它对孩子的成长有很大的激励作用，也会牵引他们为了梦想而更努力地生活。心理学家说梦想是孩子自我形象的理想化。所以，当父母鼓励孩子去追求自己的梦想时，孩子就会更有动力，即使日后面对困难也会自己想办法去克服。可是，如果是父母没有完成的梦想，把没有完成的心愿加在孩子的身

上，孩子们就没有那么兴奋和快乐了。很多父母在自己的成长过程中，由于条件限制，有没有满足和达到的愿望和目标，这种未完成的愿望一直潜藏在父母的心里。当自己有了孩子后，父母就会潜意识地投射到孩子身上，便会用给予来补偿自己曾经未竟的心愿。实际上这是在"设计"孩子，补偿自己，父母们自己追求不到某样东西，满足不了内心的欲望，他们就不再去追求原来的目标了，而是试图用替身来代替自己去追求，假借它去造成一种"实现梦想"的假象，以满足自己的欲望。这种心理便叫做"代偿心理"。让孩子完成自己未完的心愿，这不是爱孩子，而是爱自己的一种表现。孩子是弱势群体，爸爸妈妈照顾了他们，他们也爱爸爸妈妈，他们对父母强加给他们的东西用自己的方式反抗没有用之后，便变得软弱消极，折磨自己，这难道是我们期望看到的吗？我们都希望自己的孩子开心健康成长，那么作为父母，我们该如何避免产生"代偿心理"呢？

一、体察一下自己的心态与情绪

父母可以相互检查一下自己是否强加给孩子自己未完成的心愿，相互检查之后，也自我检视一下，是否存在着"代偿心理"，如果存在，那么应当首先改变自己的生活方式，同时在亲子沟通方式上也需要做一些调整。丰富充实自己的生活，增加自己的支持体系和心理安全感，处理生活中没有处理好的矛盾，让孩子自由选择自己的爱好，坚持自己的梦想。爸爸妈妈们要适时给孩子一些成长的空间，让他有自己的兴趣、爱好和梦想，而不是以你的梦想为梦想，记住：他不是另一个你。

童童每天要练习两个小时钢琴。她妈妈总说自己小时候很喜欢音乐，可却苦于没有那样的条件，现在有了条件无论如何也要让童童去学习，以免长大后会有遗憾。童童从 3 岁就开始学习钢琴，每天放学后妈妈都会接她到钢琴教室练习两个小时，周末的时候，经常整天都是在练习钢琴，这样下来，童童基本没有多少休息时间，她不能和小朋友一起玩儿，也不能看看动画片。她反抗过很多次，经常装肚子痛，扯着嗓子对妈妈大喊不喜欢钢琴，或者故意乱弹钢琴，这些反抗都没用，最后她只好默默承受了，但是，她的性格却越发内向和软弱起来。但没有任何音乐天赋的童童进步甚微，老师不满意，妈妈也不满意，童童自己也不开心，慢慢地她厌倦钢琴，讨厌钢琴。

事例中童童的妈妈就是有"代偿心理"的妈妈，是一个为了弥补自己的遗憾而牺牲了孩子自由选择权利的妈妈。生活中，这样的妈妈不是少数，她们把自己未能实现的梦想强加到孩子身上，使他们的童年因为背负了大人给的重负而丧失很多快乐和轻松。

二、尊重孩子的个性，与孩子多沟通

"代偿心理"是妈妈把自己的愿望投射到孩子身上的行为，但是这种心愿并不一定是符合孩子的个性。以爱的名义强迫孩子来完成自己的愿望是不公平的。父母对孩子的过度呵护也是出于"代偿心理"，例如，小时候没有被好好照顾，就会对自己的孩子产生强烈呵护的心情。给很多孩子不需要的东西，让孩子感受到压力。下文中小雅的妈妈和小雅就在照顾和被照顾，期待与被期待中产生分歧，妈妈没有尊重晓雅自身的个性，造成了小雅内心的困扰。

小雅的妈妈小时候物质匮乏，没有得到很好的照顾。所以妈妈希望自己能给女儿最好的一切。妈妈给予小雅大量的美食和漂亮的衣服。小雅并不是很喜欢美食和衣服，只是小雅为了不让母亲伤心，每天穿着漂亮的衣服，吃妈妈给的美食，吃成了150斤的大胖子，同时，小雅的母亲希望小雅是个活泼开朗、外向积极的女孩。可是小雅自己却希望自己是内敛而沉静的样子，两个人的期待有了分歧，当她觉得自己因为体重已经开始自卑和不快乐时，她拒绝了母亲的美食和衣服，并开始与母亲沟通，终于让母亲理解了自己的想法。

父母要克服"代偿心理"，就必须建立这样的意识：因为自己的愿望而置孩子自身的需要于不顾，这是父母自私的一种表现。父母虽然对孩子的一切负有责任，并不表示父母有权利指挥孩子。尊重孩子，也是你为人父母的权利。假如孩子反对了父母仍然坚持己见，不顾孩子的感受和权利，这样必然会导致与孩子之间的矛盾。

建 言 献 策

如果父母们发现自己被"代偿心理"蒙蔽了双眼，那么就请回想自己的童年和少年时代，比如，"小时候，我也讨厌妈妈把她的想法强加给我。我不喜欢爸爸给我压力。"在这种回忆中，寻找教育的捷径。

我为什么不能多玩一会儿

玩耍是孩子的天性，孩子都渴望能在学习之余多玩一玩，其实游戏和玩耍，的确有很多能促进孩子成长的因素，游戏能让儿童体验合群的愉悦，增强合群意识，提高合作的能力，学会如何与同伴友好相处，自我意识得到良好发展。但现实中，家长们出于种种考虑，并没有将孩子多玩一会儿的需要放在心上。玩耍可以教会孩子很多东西，孩子在玩耍中认识和感知世界，在玩耍中学会语言交流，懂得人际交往，懂得与人配合，养成遵守规则的习惯，同时，玩耍还能提高孩子的实践能力、解决问题的能力、模仿能力、创造能力、思维能力，甚至还可以开发智力，促进大脑发育，提高注意力、观察力、想象力、协调能力。所以我们经常说，在很多情况下，"玩"其实就是"学习"。那么，如何顺孩子的意，让孩子多"学习"，而又不会让父母担心孩子的安全呢？家长们可以注意以下几点：

一、感受孩子想要玩的渴望

玩耍，是孩子发自内心的渴望和需求，玩耍除了能让孩子在游戏中交流感情，还能让孩子在其中获得众多的情感体验：幸福与快乐，激动和紧张，同情和宽容等，就是说在模拟的世界里成长，渐渐塑造更丰富的感情。此外，户外活动也是很重要的。孩子本应是属于自然的，在大自然中嬉戏才会让孩子体会在家中无法体会的情感，世界也更开阔。父母应让孩子多多和他人接触、游戏，这样也是一种丰富孩子情感的好办法。与他人交流可以给孩子创造更多的机会，迈出第一步。小熊这份很渴望与人交流的心并没有得到父母的关注。

一年前，因为爸爸妈妈调动了工作，小熊一家搬到了深圳。一年里，小熊只能看到学校到家这一路上的"风景"。因为爸爸妈妈从不允许他到外面去玩。记得刚转到新学校的时候，交了不少新朋友，本来他们约好周末一起出去玩，可爸爸妈妈却不同意，久而久之，朋友们便不再约他了，甚至开始疏远他。在学校里，他没有特别要好的朋友，大家都以为他清高，从不接受别人的邀请。他们不知道，其实是他的父母不同意。后来，因为小熊的性格越来越内向，参加集体活动的次数越来越少，老师不得不介入其中，通过一番思想工作，爸爸妈妈终于让小熊和同学们一起玩了，小熊脸上的笑容也越来越多。

小熊的爸爸妈妈压抑孩子亲近自然、渴望交流的天性，不让孩子出去玩，主要有两个原因：一是怕影响学习，二是担心安全问题。我想，这也是大多数家长不愿意让孩子出去玩的理由。关于玩耍影响学习，这点我们已经在前面论述过，适度的玩是可以让孩子更健康，更快乐以及更合群的。而玩的安全问题，父母平时做家务时就可以从点滴教孩子关于水、火、电的一些安全知识。这样让孩子对安全开始有所了解，有些事虽然不用他们做，但却一定要让他知道其中的过程，以便遇到紧急情况，孩子可以安全地发出警告。

二、和孩子一起玩

想要让孩子玩得开心，玩得安全，其实最好的办法是父母们抽出时间来陪孩子一起玩游戏，尤其是对于年龄小的孩子，爸爸妈妈们可以在家中模仿幼儿园的教学模式，设置一些特殊的"游戏角落"，布置玩具。其实玩具并不一定非要是高科技，多么精致，父母完全可以在家里废物利用如旧衣服，纸盒子等都可以经过一些改制变成孩子的玩具，玩游戏的时候可以变身各种角色创造更多的效果。比如，小纸盒子可以做小火车、小房子，旧衣服可以改成娃娃、云彩……孩子如果真的进入了角色，他们的想象力比大人都强很多。这个过程中，孩子不仅动手能力提高了，情感也更丰富了。

　　三岁的贝贝喜欢自己玩，她常玩的游戏包括过家家、打扮洋娃娃、学妈妈出门去上班等。贝贝的妈妈一开始很高兴孩子会自己玩耍，不会打扰大人。但有一次妈妈仔细观察贝贝的游戏模式，赫然发现她反复模仿和演练的竟是妈妈的日常活动：买菜、做饭、梳妆打扮、电话聊天、匆匆忙忙出门去上班等，甚至会边穿衣服边拿东西，嘴巴里还会忙不迭地喊着："来不及了！来不及了！贝贝再见！要乖……要听话……"孩子惟妙惟肖的动作、表情，令平时忙碌的妈妈哑然失笑，孩子竟然从游戏中体验到照顾他人、安排事情的乐趣。妈妈常常看贝贝玩，有时贝贝也会邀请妈妈一起玩，妈妈很配合，两人玩得可开心了。

建言献策

　　我们列举了一些生活细节，希望能帮助家长为孩子做安全教育。1.随手做的小事。滴水的水龙头、不用时还插着的插头、用过的煤气开关等随手可做的小事情，父母都应教导孩子去做好。2.避免触电。告诉孩子用电器时要保持双手干燥，如有漏电要立刻拔掉插头或以木头等绝缘物体将插头松动，千万不可用手去触电。3.避免火灾。如果家里出现煤气异味，应及时开窗通风，此刻千万不要触碰电器，避免发生火灾。4.避免溺水。家中关于水的问题最大的是浴缸，水不能放得溢满，以免孩子太小溺水。5.训练记忆。对一些较危险的情况要让孩子牢记最简单便捷的方法，即让孩子记住报警110、火警119、救护120等紧急电话，此外还应让孩子背下父母的电话号码，以备不时之需。6.多方式教导。父母平时可以通过很多方式给孩子面对紧急情况时的应变能力，例如讲故事、报纸、电视新闻或者做游戏等方式。

不要把我反锁在家里

现代社会，许多父母挣扎于职场当中，压力大，负担重，为了获得更好的职业发展，父母们把精力都放在了工作上，经常顾不上孩子，把孩子一个人扔在家里，有钱请保姆的让保姆带，没钱请保姆的请爷爷奶奶过来带，爷爷奶奶也不方便的孩子则被反锁在家里。创新工场的创办者李开复曾经这样呼吁："中国的家长，多陪陪孩子，无论多么忙，都要和孩子一起玩，平等地谈心。不要以为孩子送到学校了，一切都是老师的事情，然后回家了就督促做作业。孩子们需要的不仅仅是这些。"尽管父母的工作很忙，但是，我们还是建议父母多抽点时间和孩子在一起。不要把孩子一个人扔在家里，工作再忙也要陪伴孩子，"陪孩子就是跟随他再经历一次童年，完成一次成长"。

一、意识到陪伴孩子的重要性

父母应该意识到陪伴孩子的重要性。很多父母只注重给予孩子物质的满足，殊不知更重要的是在精神上满足孩子。精神满足并不是每次拿金钱去解决的，孩子是需要父母去陪伴的，有了陪伴才能让他们更快乐、更幸福。不要因为工作忙而逃避，孩子的成长不可逆、不可等，时间转瞬即逝，在孩子成长的旅途上缺席，弥补不来；家长与孩子共学习，共同陪伴，共同成长，共同进步，能加强亲子亲密程度，加强沟通交流，亦师亦友，更容易引导孩子健康快乐地成长。不管父母是做什么工作的，我们没有理由不陪伴孩子成长。父母的职责就是教育孩子，如果我们逃避这个责任，那么我们就枉为人父母了。总之，父母的陪伴是给孩子最好的爱，最主要的是让孩子获得心灵的满足，获得亲情的幸福感。同时父母也能在陪伴孩子的过程中享受到天伦之乐。

二、与孩子共同参与活动，陪伴孩子成长

孩子们通常有自己的社会活动，例如，学校组织的风筝大赛、校际篮球比赛、乒乓球比赛等。一些父母可能会认为，这只是毛孩子的游戏，关我什么事呀！其实，这种想法是完全错误的。教育学家建议父母们，要积极参与孩子的这类活动，因为你的参与就是对他们的肯定。周末的时候，父母可以带孩子出去走走，去公园游玩，户外野营，来个小型家庭郊游或者带他们去观看一些展览。不要小看这些亲子活动，孩子在其中不仅感受到了自然的美丽与壮阔，增长了知识，最重要的是让父母和孩子之间的关系更加亲密。

安吉莉从未忘记参加儿子参与的每一项活动：市篮球联赛、运动会、学生音乐会、话剧表演——即使儿子只是演一棵树。安吉莉是一个牙科医生，对运动一窍不通，对音乐也不大感兴趣，但她还是努力抽出时间去为儿子加油。因为她说，希望自己在孩子成长过程中尽量陪着他。最近一段时间，儿子迷上了制作遥控飞行器，为此，他甚至办了寄宿，专心地在学校里研究试验。每天，他都会给安吉莉打电话，报告自己的新进展：他的飞行器反应更灵活了、飞得更远了……一天，儿子打来电话："妈妈，明天下午就开始比赛了，来替我加油吧！"妈妈兴高采烈地回答："太棒了！我明天一定准时去。"

第二天，安吉莉把诊所停业一天，上午跑到书店里找了很多遥控飞行器方面的书，又给儿子买了一组昂贵的飞机模型，下午准时赶到学校。

遗憾的是，儿子那天并没有取得好名次，面对专程赶来的妈妈，孩子有点惭愧。安吉莉拿出自己准备好的礼物——书和模型递给了儿子，然后用玩笑式的威胁口吻说："小子，看到了吗？这么贵的书和礼物都买了，你要是敢因为一次小小的失败就放弃，那我绝对饶不了你！"

儿子大笑着接过礼物："什么放弃呀！等着吧，下次第一名就是我！"这时，他已经完全振作起来了。

腾出时间陪孩子一起做孩子所热衷的事情，是非常重要的。很多妈妈不明白这一点，一心一意"教育"，却拉开了孩子和自己的距离，到了孩子成年的时候，两个人竟然像陌生人一样，无法对话了。如果你希望孩子养成持之以恒的品质，掌握其他与工作、生活相关的技能，你就要积极去参与孩子的活动，用你自己的兴趣、可依赖性及独特的指导，为孩子树立榜样。无论是每天在厨房里忙碌的妈妈还是埋在伏案辛苦工作的妈妈都是最好的妈妈，最好的妈妈至少在孩子需要她的时候能一直陪在他身边。妈妈的角色不应在孩子的生命里只是一个符号，她是孩子的生命中不能割舍的一部分，应该有共同美好的回忆来将他们紧紧相连。妈妈要尽量多陪孩子，多参加孩子的活动，对出现的问题给予指导和帮助，只有这样妈妈才能更好地了解到孩子需要什么样的爱。每一个孩子的成长都是需要妈妈的陪伴的，作为一个母亲，你也许可以错过一个好机会、好工作，但是千万不能错过孩子的成长，因为那将意味着你错过了孩子人生中的许多故事，许多风景。

三、没有时间要挤时间陪孩子

一般家庭的主力角色都是父亲，所以很多父亲都会因为加班、陪客户、赶方案而几乎没有时间来陪孩子。即便如此，作为父亲也要尽量挤出时间来或者利用空闲时间多陪陪孩子，哪怕只是简单的聊聊天。再者，父亲一般都是比较威严的角色，所以作为父亲，在家庭里一定要言而有信，对说过的承诺一定要及时兑现，给孩子一个很好的影响和表率。抚养孩子长大的过程也是陪伴他走过童年的过程，当让孩子感受到了你与他是在一起的，他才能更爱你，更轻松。有的爸爸因为工作等原因经常需要出差，孩子每天都在变，这样很可能错过他们成长的重要时期，这样的话，爸爸如果没办法陪在孩子身边就一定要通过电话、视频等方式和孩子多交流沟通，让他时刻感到爸爸的关爱。

建言献策

　　为了更多地和孩子交流，长期繁忙的爸爸可以在休假的时候带着孩子和家人出去旅游，这个过程中可以增加和孩子的交流。这种放松的环境，可以培养亲子感情从而弥补了繁忙的父亲缺少陪伴孩子的机会。

你们的脸上能有点别的表情吗

　　有这样一幕大家常常看到，就是当孩子做了什么自己觉得很了不起的事情后，会看看旁边的父母，假如这时父母对他表示赞赏的微笑，他就会特别的高兴。为什么会这样呢？对此，心理学家库利给了一个合理的解释：孩子通过观察别人的脸色和反应来确定对自己的态度以及好坏评价，这时候别人的脸色就像一面镜子，他能从中看到自己，然后形成自我的概念，这种现象在心理学上称之为"镜像自我"。

表情比语言更有说服力，无论是在表扬还是批评孩子的时候，父母的表情将会比语言更深刻地印在孩子脑海中。这些表情里所涵盖的态度孩子会全部接收到。孩子在不懂得说话时，就已懂得从父母的表情中接受信息。如果我们只是摆出严厉的面孔，也会令孩子对你却步。当然，如果父母用温风细雨来传达信息，孩子也是全然接纳的。父母与孩子之间的沟通障碍其实很大程度来自肢体语言。父母的表情、口气和交谈时的肢体动作传达感情的程度决定了亲子之间的沟通质量。

一、父母应重视表情对孩子的心理影响

心理学家认为，在人际交往中，身体语言能比口头语言传递更多的信息。我们用语言所传达的信息不会超过所有信息的30%，而其余70%的信息是通过非语言的方式进行表达的。而在与年龄较小的孩子交往时，这种比重相差更加悬殊。据研究，在孩子语言能力没有成熟前，父母与他交流时，这种非语言的表达方式能占97%的比重。

其实孩子对于父母的表情的敏感程度，远远超过了父母的想象。曾经有这样一个实验：让父母面无表情地看着6个月大、正在笑的孩子，结果，不一会儿，孩子就不再笑了。随着年龄的增大，孩子更善于观察父母那些语言之外的东西。因此父母在与孩子的交往中，不仅要留意自己的身体语言所传达的信息，在教育孩子的过程中，父母可以适当地运用肢体语言，这样可以强化父母口头语言的使用效果。特别是对年龄偏小的孩子来说，父母的肢体语言可以使他们柔弱的心灵受到

莫大的安慰，例如，一个鼓励的眼神、一个温暖的拥抱，都会使他们觉得温馨，具有安全感。

二、在生活小事上用肢体语言缓解孩子心情

如在一些日常的小事中，父母也可以利用肢体语言缓解孩子的心情。孩子想父母了，被别的小朋友欺负时，可以把孩子搂在怀里，脸贴着脸，缓缓地拍着他的背部，嘴里可以轻轻地说些安慰话，孩子那颗惊慌失措的心会渐渐趋于平静。同时，在和孩子谈话时蹲着，让孩子平视你，当他说话不着边际时，父母都微笑着等他说完再发表见解，可以伴些手势和面部表情，使孩子觉得自己像大人一样被尊重。或者和孩子玩游戏时，调皮的孩子故意耍赖，父母要么刮他们的鼻子，要么摸摸他们的头，再不然就亲亲他们……这时候孩子们开心极了，他们会围着父母又蹦又跳，显得异常的开心。总之，除了正常的语言交流外，父母给予孩子的一个适时的拥抱或者一个轻轻的吻，都可以很好地激发孩子的积极性，让他们体会到父母的可亲可敬。而且对于那些调皮捣蛋的孩子来说，当他们犯了错误的时候，父母一个严厉的眼神，也许比责骂更有效果。父母的一颦一笑，甚至同一句话使用的不同口气，都可以成功地向孩子表达自己的感情。适当地运用肢体语言，多给孩子一分关爱，父母们就一定会多收获一分欢乐。

建言献策

父母们千万不要把在外面受的气带回家里，摆脸色给孩子看，应该让孩子感到父母的表情是愉悦的、快乐的、友爱的、接纳的，这样孩子才会感觉爸爸妈妈对他的爱和呵护，他在心里才能感觉到安全。

我不是你们发泄的工具

俗话说，家家有本难念的经。又有俗话说，清官难断家务事。每个家庭都不可能十全十美，都会存在这样或那样的纠纷和矛盾。每个家庭都和谐美满，这只是美好的愿望，却是不现实的。每个家庭都会有这样那样的难处和纠纷，但是家庭的纠纷不应该由孩子来承担，假如每一个家庭都把纠纷最后转移到孩子身上，这对孩子很不公平，也会让孩子面临着危险和伤害。

有的母亲在结婚的时候稀里糊涂，和父亲的感情并不好。因此对孩子有怨气，没有从心底接受孩子。勉强维持家庭的同时，父亲母亲都拿孩子当发泄工具，只要稍不顺心，就会拿孩子发火。还有的爸爸妈妈，脾气不好，只要心情不爽，就要打骂孩子出气，孩子在这样的家庭长大，体会不到爱，在心理上像孤儿一样，很容易自暴自弃。我们建议父母不要把自己的怨气和不满发泄到孩子的身上，而要控制好自己的情绪，不要让孩子成为父母的"出气筒"。

一、父母不要把自己的怨气和不满发泄到孩子身上

作为成人，作为爸爸妈妈，为什么要把两人的怨气和不满发泄到孩子身上，这个问题，请父母们问一下自己，孩子就是孩子，孩子是需要呵护的，不要把成人的情绪加在孩子身上，不要让孩子成为父母的发泄工具。当看孩子不顺眼，总是发生拿孩子撒气的行为时，父母就要沉下心回头想想，自己真的爱孩子吗？自己是在如何对待孩子，孩子的反应又如何？其实孩子很简单也很天真，而且很无辜，当孩子因为父母的怨气和不满受到伤害的时候，父母才来梳理彼此

关系，恐怕为时已经晚矣。所以，不要为了逞一时之快，造成对孩子终身的伤害。

　　小超和小明都刚一岁半，他们的妈妈领着他们在楼下的花园一起散步，小明的妈妈看到小超很可爱，便捏了小超的脸蛋一下，也许是被捏疼了，小超大哭了起来，这下可惹怒了小超的妈妈，小超的妈妈于是抱着小超就到另外一边玩，不再理小明的妈妈了。小明的妈妈一口气咽不下去，叫来小明，让他站在了花园中间开始大骂："你怎么搞的啊，怎么这么不听话啊，你这个不知好歹的东西，对你好你都不知道的，还要惹我生气。"本来在一边玩得很开心的小明被妈妈拎过来骂，一脸茫然吓得大哭了起来。可是小明的妈妈还是不肯罢休继续大骂："就知道哭，有什么好哭的，丑得要死，这么难看的人还不让人碰呢，有什么了不起的。"

　　一听就知道小明的妈妈是在指桑骂槐。但是小明的妈妈为什么要拿无辜的小明当出气筒呢？这样做会给宝宝带来多大的心理伤害？小明的妈妈也许没有想过，孩子是个人，他是有感受的，不是父母们对人或事不满发泄的工具。

二、控制情绪，不要让孩子成为"出气筒"

　　不少家长很情绪化，心情好的时候，对孩子和蔼又耐心，一旦心情不好就对孩子轻则大声呵斥，重则动手就打。社会竞争压力大，父母们面对工作的压力、复杂的人际关系，有时候是夫妻间的矛盾，有很多烦恼无处发泄，这时弱小而又缺乏反抗力的孩子很容易成为不理智父母的"出气筒"。如果父母总是把孩子当作自己的"出气筒"，那么负面影响很有可能伴随孩子的一生，他们长大后常表现为暴力倾向，缺乏责任感，喜欢推卸责任，等等。作为成人，控制自己的情绪，避免因为情绪给孩子带来"语言暴力"，避免让孩子成为"出气筒"，是每位家长应该修习的课程。

小伟的妈妈因为一点小事与丈夫起了争执，心里十分烦躁，儿子放学回家，高高兴兴地看电视，她心里那股无明火不知道为什么就燃了起来，冲着小伟一顿大吼："你不做作业吗？看什么电视！"小伟被这突如其来的怒骂吓住了，胆怯地说："我作业在学校已经做完了。"小伟的妈妈火气更大，对着小伟又是一顿吼："作业做完你不知道去看书吗？总是看电视学习成绩怎么会好！"小伟委屈地哭了起来。后来妈妈冷静了下来，才意识到自己把孩子当成了"出气筒"，后悔不已。

建言献策

孩子是最无力保护自己的人了，因此，他们需要爸爸妈妈的呵护和照顾。成年人的问题需要成年人自己来解决，不应该把孩子当作"出气筒"。每个孩子都是父母爱情的结晶，但他们同时也是家里比较弱势的群体，如果父母总是把孩子当作家庭纠纷的牺牲品，那只能说明这样的父母也不够称职，缺乏解决问题的能力。

我说的事，你们能不能认真地考虑一下

在孩子成长的过程中，父母要时刻注意聆听孩子的说话，认真对待孩子的要求，当他在电话里满怀期望地提出："妈妈，我想和

朋友去郊游。"你在外面一时没时间和他讨论，我们也要告诉他具体安排："现在妈妈时间不够，回到家，妈妈和你讨论，好吗？"经常忽视孩子的需要，会让他因不被重视而失去信心。父母要尊重孩子，信任孩子，使孩子可以真实地表达自我，与自己有更好的沟通和交流。父母对孩子的表现或者他们的活动表示感兴趣，他们会非常高兴，这样不仅打开了你和孩子之间沟通的心灵之门，还会让他们增长信心，觉得自己是最重要的。父母对孩子多照顾关心，多给他们机会表达自我，孩子就会非常愿意和父母在一起，让亲子亲密无间。

一、尊重孩子的说话权，做会"听话"的父母

生活中，大多数父母对孩子在生活上十分关爱，可在真正做孩子的"听话"父母上，很多父母都是不及格的。据调查表明，70%以上的父母承认没有耐心听孩子说话。孩子学习和生活上有什么问题，向爸爸妈妈诉说，爸爸妈妈不让孩子把话说完，直接用成人的判断标准给予"阻击"，心情不好的时候还斥责孩子，孩子只能将话咽回去，需要交流的事只能藏在心里。爸爸妈妈们一方面觉得孩子的心思难猜，另一方面，根本不让孩子把想说的话说完，把想说的事情听完，偶尔有耐心听完孩子说的事情，又不会把事情放在心上，这不仅让孩子感受到失落，更让孩子感受到不受重视，在家里没分量，没地位，对孩子的自尊心和自信心的建立没有好处。

露露是小学四年级的学生，最近，张老师发现露露变了。露露以前活泼开朗，上课积极发言，现在却变得沉默寡言，总是一个人发呆，学习成绩也下降了。老师经过细心地了解，才知道了露露不爱说话的

原因。露露以前是个很活泼的孩子，每天放学回家后，都会把学校发生的趣事说给妈妈听，可露露的父亲是个对孩子要求非常严格的人，他把全部希望都寄托在露露身上，希望露露将来能考上大学，出人头地。因此，妈妈对露露的学习抓得特别紧。他们觉得露露说这些话都没用，简直是浪费时间，因此露露兴高采烈地说话时，父亲总是会打断她："整天只会说这些废话，一点用也没有，你把这心思放在学习上多好，快去做作业！"

一次露露说班里发生的一件事，正说得兴高采烈时，父亲说："说了你多少次了，让你别说这些废话，你还说，再记不住，看我不打你！"吓得露露一个字也不敢说，回到自己房间里去了。慢慢地，露露在家里话越来越少了，每天放学都闷在自己的房间里，因为父亲也不让她出去玩，渐渐地，她的性格也就变了。

从露露的情况来看，爸爸妈妈对露露想要表达的愿望置之不理，心里只想着露露的学习，如果露露的爸爸妈妈能对孩子的倾诉多一点耐心，不急于打断孩子的话，露露的欲望得到了满足，以后孩子遇到事情时就会乐于向父母倾诉，父母就可以根据露露所遇到的事情给予露露指导和支持，这样露露才会开心和幸福，而不是像例子中的那样，性格越变越内向，话越来越少。因此，做"听话"的父母，不打岔，不否定，不责备，以便孩子可以畅所欲言，也便于妈妈看清孩子的内心世界，在此基础上才能创造更多与孩子交流的机会。每个孩子都有自己的心声，需要有个会"听话"的父母来倾听。尊重孩子的说话权，积极"听孩子的话"的父母，才能够真正了解孩子的想法和感受，亲子之间才能良好沟通，建立和谐的关系。

二、从生活小节上重视孩子

从生活小节上重视孩子，对孩子所说的事情表示尊重，会让孩子觉得受到了重视，提高他内心的自豪感和荣誉感。比如，周末带孩子出游，可以征求孩子的意见。年龄大一点可以问"你想去哪里"，年龄小一些，可以这样问"你想去动物园还是水族馆"，给他选择的范围，让他自己做出选择，会增加对自己的信心；当孩子提出想做的事情时，耐心倾听。如果实在无法实施，老实告诉他，让他知道爸爸妈妈也有做不到的事情。对于孩子的请求，可以通过家庭的投票，民主会议等方式让孩子感受到尊重，感受到重视，也让孩子在民主的协商当中学会如何解决问题。

建言献策

想要提高孩子的自信心，最好的方法是让孩子施展自己的才华，在家中最醒目的墙面上张贴他的作品或者荣誉。在柜子上为孩子做个陈列架，陈列他的小制作。荣誉感最能激发孩子的自信心，建议想要提高孩子自信心的家长试一试。

我只想做我想做的那类人

每个人都有自己的梦想。梦想，是人最渴求的方向，执行并实现梦想，是人在这个世界上活过一回的最鲜明的证明。著名诗人纪伯伦说："我宁可做人类中有梦想和有完成梦想愿望的、最渺小的人，而不愿做一个最伟大的无梦想、无愿望的人。"当孩子有梦想，便会在学习、工作的过程中创造不辍，并获得愉悦的情感体验。曾经有人对爱迪生、毕加索、达尔文等成就卓著的人进行研究分析发现，这些人在小时候都有一个五彩缤纷的梦，而他们终生所努力奋斗的目的就是为了实现儿时的梦。所以说，没有梦想的孩子是没有未来的，也不会有很大的作为。因此，爸爸妈妈们在听到孩子说，我要做什么样什么样的人时，一定要支持孩子的想象，呵护孩子的梦想，让他在自己愿意为之奉献的梦想中实现自己的价值，而不要将实现自己梦想的希望转移到了孩子身上，这样不仅会加重孩子的负担，还会扼杀孩子自己的梦想，从而每天在压抑中带着不情愿去完成父母的梦想。

一、支持孩子做自己喜欢做的事，而不是父母喜欢的事

每个人都是不尽相同的，唯有找到自己的兴趣，发挥自己的潜力，才能做出最好的成就。不要相信一个孩子成才是通过某种公式复制出来的，每个孩子独特的优点就是成功的源泉。

一个人的快乐和他能否做他有兴趣的事情是有相当大的关系的。美国曾经对 1500 名商学院的学生进行了长达 20 年的追踪研究，得出结论：追随自己的兴趣并不断地挖掘自身潜力，这样的人不但更容易快乐，而且更容易得到财富和名利的眷顾。因为他们所做的事正是自己真正喜欢的事情，他们会更加有动力，有激情将事情做到完美的状态。即便是他们不能从这件事情中获取财富和名利，也会从中获得终生的幸福和快乐。真正的成功是让孩子去做他们自己喜欢的事情而不是做父母喜欢的事情。每个孩子的路都应该自己去走，任何人也不能代替，父母也不例外。

　　刘丽是一名数学老师，但是她从来不要求自己的孩子学好数学，而是鼓励孩子花更多的时间用在自己感兴趣的事情上。刘丽的大女儿喜欢看小说，于是刘丽每周都会到书店挑选有意思但是也很有教育意义的书给她看，现在她的大女儿已经看了上千本书，而且语文成绩总是满分。刘丽的小女儿喜欢画画，于是刘丽就手把手教她如何用电脑绘图上色，并且把画出来的作品印成彩色的明信片，作为礼物送给亲友。现在她的小女儿获得了很多画画比赛的奖项，成为了学校的美术明星。

　　如果每个妈妈都能像刘丽一样支持孩子做自己喜欢做的事，也许这个社会就会多很多各行各业的能人。每个孩子自身都有着巨大潜能，但很多都在父母的压制下没有发挥出来。诚然，帮助孩子发展一项爱好是很好，但是一定要考虑到孩子的感受，如果他并不愿意去学，那么这些课程对他来讲就是很折磨人的一件事情了。

二、相信孩子的选择，让孩子成为想成为的人

　　每个孩子身上都具有巨大的潜能，当孩子按照自己的意愿尝试着做一件事情的时候，总会想着尽力去做好，做成功。孩子在自主奋斗的过程中，才华和潜能也可以得到淋漓尽致的发挥。相信每一个孩子都能成功，关键在于父母要帮助孩子挖掘自己的潜能。只有这样，孩子的才能就可以发挥到最大。作为父母，我们不可以对孩子的兴趣横加干涉，也不能区分对待。不要因为孩子的爱好是弹钢琴就热烈支持，而孩子喜欢美容美发就强烈反对。因为即使在普通的服务行业中也一样可以培养优秀的能工巧匠，如饮食行业中的名厨、美容美发中的名师、服装行业中的设计师等。他们都以自身成才的成长经历表明：发

展自己的兴趣，早晚有一天会成为同行业的佼佼者，成为一个对社会有用的人。孩子是孩子，是独立的个体，不是父母的附属品，他有他的想法、他的情感、爱好和兴趣，他为何非要按照我们给他设计的路走？孩子，我们可以给他爱，却不可以给他思想。因为他有自己的思想。强行的后果，不仅把学习变成了负担和折磨，也摧残了他的身心健康。让孩子成为他自己想做的那类人吧，相信孩子的选择，孩子一定会觉得幸福的。下面两个案例，同样是学棋，一个是孩子自己的选择，而另一个是父母的选择，结果如何呢，相信这两个对比的案例能让家长明白尊重和自由的重要性。

案例一：

国际象棋大师谢军在12岁那年，面临着要么去棋队要么继续上学放弃下棋的选择。她想上学更想去下棋，因为只有她自己知道，只要往棋盘前一坐，她就会无比的畅快、兴奋。而妈妈，这位毕业于清华大学自控系的电子工程师，为独生女儿考虑更多的是她的学业和前途。作为一个有文化素养的妈妈，既不愿因家长干预断送一个确有天才的棋手，也不愿女儿为此耽误一生。于是，母女间进行了一次很严肃的交谈，那时谢军才12岁。"你很喜欢下棋，对吗？"小谢军看着妈妈，从没见妈妈这么严肃过，有点儿害怕，但依然点点头。"那好，不过你要记住，下棋这条路是你自己选择的，既然你选择了下棋，今后，就要对自己负责任！"

试想，如果当年妈妈硬逼着谢军读书，压制她对国际象棋的爱好，那么，现在谢军也许会坐在大学的教室里，而我国就会少了一位出色的棋手。

案例二：

　　大学时，我才接触到围棋，非常着迷。我努力钻研棋艺进展神速，在学校小有名气，曾想把它当作终生从事的职业，却无法如愿。工作这么多年，我自负的，不是自己的专业，而是自己的围棋水平。有了孩子，更想把他打造成国手。他的母亲和我一样，也渴望如此，并竭力支持我。儿子 5 周岁的时候，我就让他学围棋。一年不到，定为业余一段。棋校老师给他的评语是，记忆力超好；幼儿园老师也说他是班上记忆力最好的孩子。这对我们是多大的鼓舞啊。我们想方设法给他找了本地最好的围棋老师。给他买了大量的围棋书，他还不识字，我就先看书，自己看透彻后，再一题一题地讲给他听。他和同学下棋时，我坐在旁边。一手一手地记棋谱，回来给他复盘。他妈妈也利用出差的机会去了北京，考察了马道、葛道和聂道，甚至都给他将来到北京学围棋选好了道场，找好了住的地方。我们的用心可见一斑了。

　　然而，事情并没有像我们所预想的那样顺利。慢慢地，我感觉出他没以前那样投入，好像有些厌倦了。学棋，对他来说，仿佛就是应付我和他妈妈的差事，是任务，是别人强加给他的责任，而不是他的乐趣和爱好了。我们并没因为他的这些情绪而改变方法，仍如往常一样，不管他有多累，每晚至少学一个多小时围棋，休息日时间就更长。这样又持续了几个月。一天，他在棋校下输了一盘不应该输的棋，我非常恼火，回来后，我又给他加课到八点点多，直到他困得眼睛都快睁不开了，才让他上床。上了床，他并不睡，坐在床上，想心思。忽然，他开始抽泣，继而放声大哭，无法自抑，声悲意切，十分的委屈、无助和茫然。长这么大，他哭过很多次，从没这次哭得深切和凄然。我和他妈妈又哄又劝，好不容易才让他平静下来，问他，为什么会这样？他说他不想学围棋了，你们这样考我围棋，考得实在太狠了，我真的受不了，觉得好累……他的泪水又止不住地流下来了。

等他睡后，我和他妈妈商量，以后再不能这样要求他。他要是真的死活不肯学的话，大人也没辙。学还得让他学，只是对他的态度上不能这么强硬了。

假期，老师又开了几个小班，上小课，问我们上不上。我问了儿子，当着老师的面，他说，让我先考虑一下，考虑一会儿后，他小声地说不想上。再问，他仍然坚持。声虽小，却非常肯定和坚决。有了上次的风波，我也不敢强求他，只得作罢。

因为和棋校校长相熟，我就找他偶尔给儿子补补课，可是他没去两次，下次再骑车到棋校找校长补课，哪怕是到了棋校门口，他也会毅然地从车上跳下来，说什么也不肯进去，那劲头，真有点视死如归。

我有时，就故作轻松，和他开玩笑，问他为什么不喜欢学围棋，可他的话让我大跌眼镜。他说，你以为每个人都像你那样喜欢围棋啊。只有你觉得围棋有意思，不是我，我觉得围棋一点意思也没有，我在围棋里面也找不到快乐。

仔细想想，当初如果让他学围棋时，只当作爱好，对他没那么高的要求，或许会好得多。我发现，围棋，如果让他偶尔玩玩还可以，真的让他当作最重要的事，当作一生必须要做，必须要做好的事，他就不情愿。的确，对他来说，他更加喜欢画画、科学实验、听故事等；做个手工，"发明"个什么小玩意，练一套自己编的"武术"，做个鱼钩、去河边钓鱼……这些事，反倒能让他沉醉其中，快乐很久很久。

建言献策

　　父母们一定要支持孩子干他最喜欢做的事情，当孩子按照自己的意愿去尝试着做一件事情的时候，他会想着尽力做到最好最出色，也最容易真切地体会到自己的才干。如果作为父母，我们也不了解孩子的兴趣点究竟在哪方面，可以让孩子先针对一项课程尽力学3个月，然后再让他自己决定是否愿意去学。作为父母，这时我们要给孩子自主选择的权利，然后帮助他们朝着感兴趣的方向去发展。